みるみる
からだが元気になる！

さだじい。の「気のちから」入門

さだじい。
Sadaji

晋遊舎

さだじぃ。の「気のちから」入門

さだじぃ。

本書を読む前に

本書ではさだじぃ。先生のさまざまな施術をご紹介しております。それらを実践する中で、体に痛みや違和感を感じられるようでしたら、決して無理をなされないようお願いいたします。

はじめに——

板前だった私が「気」に目覚めた日

この本を手にとってくれた方は、「気」を使えるようになりたい、「気」のちからで、**自分や家族、知人が抱えている痛みや不調を少しでも改善させてあげたい**と思っている方ではないでしょうか。

私は、あるとき突然、「気」のちからに目覚めてしまいました。そして、いまは「気」のちからを使い、全国各地で施術を行なっています。

どのようなきっかけだったのかは、前著『第七感　運命を変える不思議な力』で詳しく述べておりますが、私の本を読むのがはじめてという人に、簡単にご紹介させていただきます。


かつて私は、ごく普通の板前として、宮崎県日南市《みやざきけんにちなんし》で小さな寿司店を営んでいました。

私が39歳のときです。常連さんが連れてきたササキさんという男性に、はじめて会った日にそれは起こりました。

どうやら、ササキさんは「気」を扱える人だったようです。私がほかにいた女性客からご馳走になったビールのジョッキを持ち上げ、乾杯をしようとしたそのとき、ササキさんが私に右手をかざすしぐさを見せました。

すると、ジョッキを持つ手がまるで鉛のように重くなって、腰のあたりまでどんどん下がってしまったのです。

重くてどうしようもなく、私は思わず床にひざまずいたのですが、立ち上がろうとした次の瞬間、ものすごい衝撃が起こりました。頭から全身にビリリッと電流が走ったのです。

そのことがきっかけとなり、どうやら私の体に、何らかの変化が起きてしまったようです。**不思議な「気」のちからに目覚めた**のでした。

はじめて人を癒した！

「気」のちからに目覚めた頃の私は、店に来るお客さんにまるで余興のように見せたりして、「気」で遊んでいたのです。

ある日、お客さんの中に、日南学園野球部で当時監督をつとめていた小川茂《おがわしげ》仁《ひと》さんがいました。私が「気」のちからを使い、お客さんを驚かせたりして楽しませている様子を見ていた小川監督がこういったのです。

「そのちからは遊ぶためのものではなく、**人を助けるために授かったもの**なんだよ。明日からうちのグラウンドに来て、選手を癒す練習をしないか」と。

小川監督からの依頼を受けた私は、さっそく翌日から、日南学園のグラウンドに通うことになりました。

もちろん、最初はどうしていいのか何もわかりません。現在のような施術のやり方は、その頃はまだ確立していませんでしたから、自分なりに本を読んだり、ネットで調べたりしながら勉強し、手探り状態で施術をはじめました。

選手が練習でケガをしたり、痛めた箇所に、手をかざすだけでした。


2カ月ほどたった、ある日のこと。

当時、日南学園野球部のキャプテンだった川嶋克弥《かわしまかつや》君が、練習で足を痛め、私の店にやって来ました。そのときはじめて、左手から「気」を出し、右手で

「気」を受けるという、現在の私の施術のやり方を試してみたのです。

川嶋君の足首を両手で包み込むように施術をすると、手に電気ショックのような何かビリビリと流れる感じがありました。私が驚いただけでなく、川嶋君も私の手から送られてきたビリビリとくる感触に驚いていました。

「ああ、これが『気』なのかな？」とはじめて思ったのです。

「気」のちからを使って施術する感覚を掴んだ瞬間でした。

全国を駆けまわる日々

「気」のちからを使って施術する感覚を掴んでからは、日南学園の選手たちのケガや痛みの改善にぐんぐん効果があらわれてきました。

そんな私の評判を聞きつけて、野球選手や監督がやってくるようになりました。施術を受けて感動された方が、ほかの方にも勧めてくれることで、いつのまにか私のところへと、どんどん集まるようになっていったのです。

「気」のちからに目覚めて3年ほどしてからは、延岡《のべおか》まで出向いて施術を行なうようになりました。その頃には、野球選手だけでなく、痛みや不調を抱えている一般の方たちもやってくるようになっていたのです。

私は本業の板前の仕事を続けながら、店の休みを利用して毎月1回、2日間は延岡まで足をのばしていました。

そんな日々を何年か続けていた私が、**施術の旅をはじめるようになった**のは、2011年の4月の終わり頃からです。

そう、あの3月11日の東日本大震災があった年です。

日本全国が悲しみに沈み、自粛ムードの中で、繁華街からはネオンがすっかり消えていました。そして、私の店も含め、料理屋はどこも閑古鳥が鳴く状態が続いていました。

その頃に、広島のある甲子園常連校の監督から声がかかり、広島での施術を引き受けることになったのです。

広島からはじまった施術の旅が、やがて全国へと広がっていくのに、それほど時間はかかりませんでした。

月の半分を施術の旅に出て、残り半分は店を営んでいたのですが、これ以上、板前と施術者との両立は難しい。そう判断をして板前をやめる決心をしたのは、旅に出るようになって半年後のことです。

これまでに施術した人は3万人以上!

店をたたんでからは、月のほとんどを全国をまわる施術の旅へ出ています。

2018年2月現在で、私がまだ訪れていない地域は沖縄県、長崎県、徳島県、香川県、高知県だけです。

本当に不思議なものです。

「気」のちからに目覚めた頃は、いまの生活は想像もしていませんでした。

高校野球の選手からはじまった施術が、どんどんと広がっていきました。

いまは、痛みや不調で困っている人をなんとかして救いたい。**多くの人を癒し、助けることが私の使命**だと思っています。

これまでに施術してきた人数は、どのくらいになるのでしょう。

一番多かったのが、延岡での2日間で102人来られたことがありました。

施術の旅に出るようになって、だいたい月に20日間くらいは日本のどこかで施術を行なっています。1日に20人と考えると、月400人です。

現在までそれを7年続けてきていますから、ざっと計算しても3万人を超えます。ここには、宮崎で板前をしながら、施術も行なっていた時代の人数は含まれていません。ものすごい人数だなと、あらためて感じています。

施術ができる人を増やしたい

これからも、私を待っていてくれる人たちのために施術の旅は続きます。

でも、私ひとりだけでは、行なえる人数にはどうしても限りはあるものです。

いまは弟子が5人いますから、彼らにも手助けしてもらっています。それでもまだまだ全国には施術を求めている人は多くいるのです。

私のように**「気」のちからを使って施術できる人を増やす**ことができたら、そう思って、2017年に「気の道場」をはじめました。

道場で私が「施術のやり方を説明しますよ」というと、みんながわっと集まって身を乗り出してきます。それだけ、みなさんが「気」のちからによって、施術することを習得したいと真剣なのです。

「気の道場」だけでなく、講演会なども繰り返し行なっていると「気」の扱い方が上達している人も増えてきました。

実際に施術で活躍されている人も何人もいます。

そして、**施術の教科書みたいな本**があれば、もっと多くの人が学ぶことができるのにと思っていた時期に、偶然にもこの本のお話をいただいたのです。

私のちからを超えて欲しい

弟子や門下生も、私の「気」のちからのレベルに近づきたいといいます。

そんなときは、どうか私を超えてくださいといっています。弟子たちにも、道場や講演会でも、私がこれまでの経験から得てきた「気」の扱い方、施術のやり方のすべてを伝えています。そして、習得したやり方で施術を重ねていくにつれ、「気」のちからもどんどん強くなってくるはずです。

もちろん、この本においても、それは同じです。

ここまで教えてしまってもいいの？　といわれることもありますが、**人に伝えていくことが、より多くの人を助けることにつながる**のです。

「気」という不思議なちからを扱えるようになると、それを利用して人を騙す方向にいってしまう人と、自分の全てをさらけ出して誰にでもできるのだからやってみなさいと伝える人と、ふたつに分かれると思っています。私はたまたま後者を選んだのです。

ですから、この本で「気」を扱えるようになったら、そのちからを間違った方向で使わないようにして欲しいと願っています。

施術の教科書としてすべてを伝えたい

身内や知人で痛みや不調を抱えている人のために、「気」という不思議なちからが少しでも役立つことができたらと、そう思ってこの本を手にとってくれた方。また、すでに「気」のちからで施術を試みてはいるけれど、なかなか効果がみられずに行き詰まっている方。

そんな人たちにとって、この施術の教科書ともいえる本が手助けになってくれたら幸いです。

私が行なっている施術のすべてを、みなさんにお伝えしていきます。

さだじぃ。

さだじぃ。の「気のちから」入門　目次

Part 1

「気」って何？

晴れた日の空を見上げると「気」が見えてくる！

コツさえわかれば「気」を見ることはできる

痛みや不調を抱えた家族や知人のために、「気」を使えるようになりたい、役立てたい、と思う人は多いようです。この本ではそうした方達に向けて、どのように「気」を使っていけばいいのかを詳しく紹介していきたいと思います。

その前に、まずは「気」とは一体どのようなものなのでしょう。「気」は辞書を引くと「不可視」のもの、と書いてあります。

しかし、必ずしもそうではないと私は思っています。

施術しているとき、手から「気」といわれるものが出ているのが私には見えますし、空気中に漂う「気」の存在も常に見えています。私のセミナーや道場に参加されている方などからも、「見える」という人は少なくありません。


「気」が見えるのは、きっと何か特別な能力を持っている人だけではないか、と思う方もいるでしょう。

いいえ、そんなことはありません。

私は、**コツさえわかれば、誰でも「気」を見ることができる**と思っています。

「気」を見ることには、特別な能力など必

要ないのです。

「気」はどのように見えているのかといえば、基本的には粒子のような感じです。わかりやすくいえば、**粉雪に光があたってキラキラと輝く、そんなイメージが近い**かもしれません。

ただ、粉雪の場合は地面へと降りていきますが、「気」は、上へいったり、下へいったり、ゆっくり動く粒もあれば、速く動く粒もあったり、といろいろな動きを見せます。それは幻想的で、とてもきれいです。

「気」を見る練習をしてみる

「気」がどのように見えるかのイメージは掴めたでしょうか。

次は、左ページで紹介している「気」を見るコツを参考にして、ぜひ挑戦し

「気」を見るコツ

1 晴れた日に太陽を背に空を見上げる
2 手のひらを目線上に持っていき、手で建物等をさえぎる
3 手のひらの上の空気の中を見てピントをあわせる

てみてください。

空をスクリーンだと思って、手のひらの上のあたりの空気を見つめます。このとき、指はやや開いた感じで構いません。

最初は遠くの空を見て、その後、すぐ近くの手のひらの上の空気に視線を持ってくるようにします。

焦点をあわせてじいっと見るのではなく、**手のひらの上の空気全体をぼんやりと眺めます。**すると、キラキラ光る粒子が舞うのが見えてきませんか。

すぐに見える人もいれば、見えるまでに何年かかかる人もいますから、**見えないからと焦る必要はありません。**少しずつ練習

を重ねてみましょう。晴れた日の方が見えやすいですが、コツさえ掴んでしまえば、曇りの日でも見えるようになってきます。

「気」はプラーナ、どこにでもあるもの

インドでは、空気中に生命のエネルギーの元とされる「気の妖精」がいると思われているようです。「気」は、「プラーナ」といわれています。

日本語の「空気」にも、「空からの気」という意味が含まれているそうですから、こうしたことからも、**「気」は私たちのまわりの空気中のどこにでも存在している**ものといえるでしょう。

「気」を使っていくためには、空気の中にある「気」を自分の中に取り込んでいくことになります。

自分の身近に「気」があるのだということを、まず知っておいてください。

手を当てて癒す「気」のサイクルを感じよう

私たちは「気」をエネルギーとして使っている

空気中に「気」は、いつも浮遊していて、人の近くに来ると、その人の体にスッと吸い込まれていきます。人の体に吸い込まれるのは、地球から受ける磁気の影響で、人の体がわずかに磁気を帯びているからではないかと思います。

そして、**体内へと吸い込まれた「気」を、人はエネルギーとして使います。**

私は、こうして体内へ取り込んだ「気」を、手から出して施術をしているのです。手から「気」を出して施術する方法は、また後で詳しく説明します。

エネルギーが活発な人ほど、「気」の吸い込みも活発です。**「気」を体に巡らせ、流れがよくなっていれば、人は健康になる、**と私は考えます。まさしくエネルギーに満ちた状態になるからなのでしょう。

逆に、不健康な人はあまり「気」を吸い込みませんし、「気」の巡りが滞っているために、体になんらかの不調が出ているともいえます。

体内へと吸い込まれ、エネルギーとして使われて使用済みとなった「気」は、「オーラ」として外へと排出しています。

オーラについては、さまざまな見解がありますが、**オーラは単なる「気」の排泄物**だと、私は思っています。

見ようとすれば、人のオーラを見ることはできます。健康な人のオーラには濁りはなく、勢いがあります。

でも、「気」の吸い込みと同じように、不健康な人や、体に何かしらの不調がある人が出すオーラは、薄くて濁っており、勢いはありません。

三つの状態で「気」はサイクルしている

「気」は状態によって、三つの段階に分けられると考えています。

空気中に浮遊している状態が、インドでいう「**プラーナ**」、体内に取り込んで使う状態を「**気のエネルギー**」、体内で使われた後に、使用済みとなって排出する状態が「**オーラ**」です。そして、これらの三つを繰り返し

三つの気のサイクル

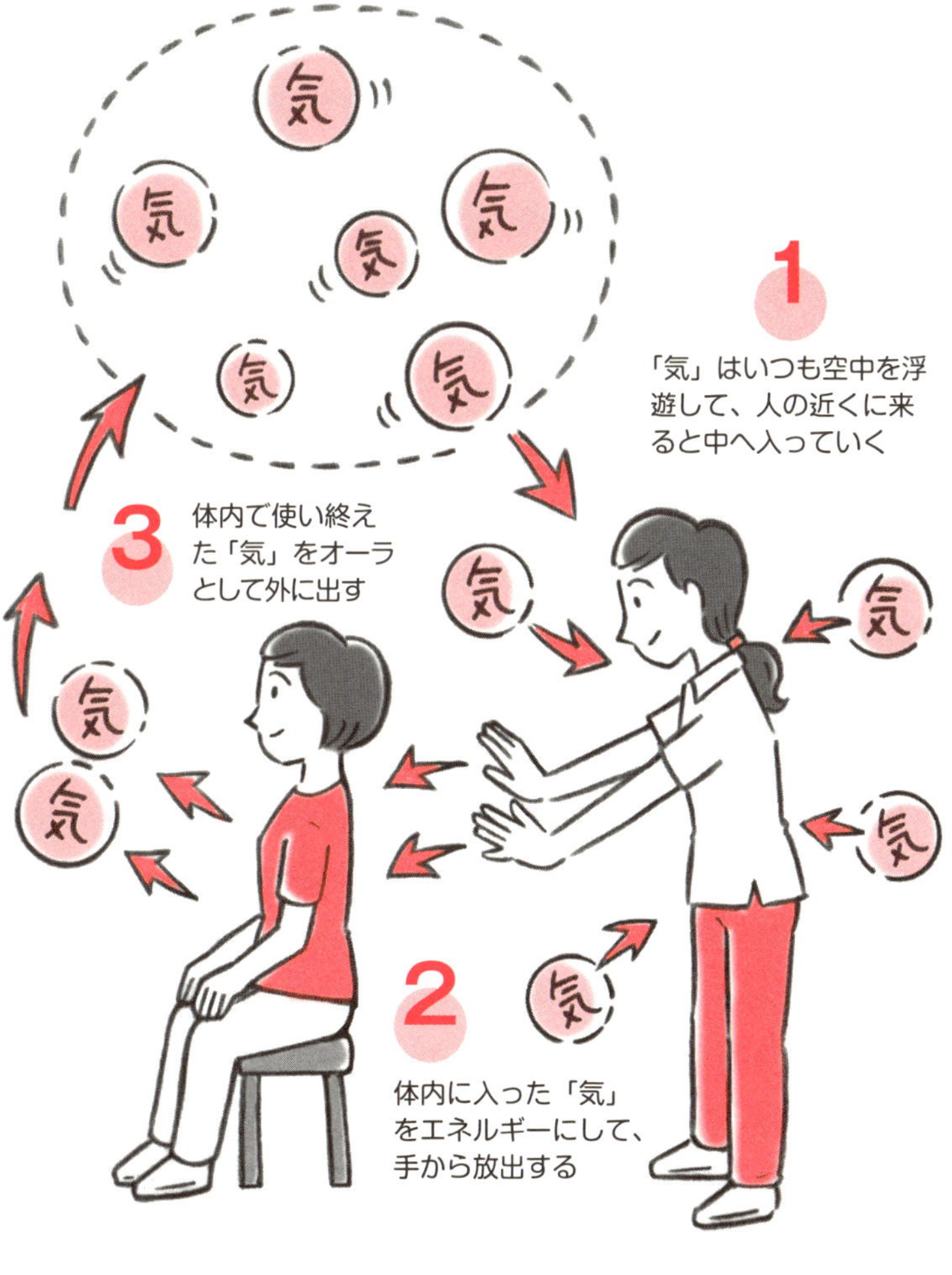
気
1
「気」はいつも空中を浮遊して、人の近くに来ると中へ入っていく
3
体内で使い終えた「気」をオーラとして外に出す
2
体内に入った「気」をエネルギーにして、手から放出する

ていきます。

そんな「気」のサイクル活動は、太古の昔からなされていた、と思います。

「気」の存在に気づき、「気」を使って、さまざまな症状を治している人は、過去にも、現在にも、私のほかに多くいます。ただ、「気」のサイクルについて、こうなっていますよといった人間は、おそらく私が最初かもしれません。

手を当てて癒すのは誰もができる

「手当て」という言葉があります。

医療が発達していなかった昔は、**病気やケガをしたときに、患部に手を当てて、癒やしていた**ようです。

人にやさしく撫でてもらうと、気持ちが

手当てと「気」をあてる

1 昔は手を当てて傷を癒していた。人に撫でてもらって気持ちがいいのも同じ

2 「気」で行なう施術も手をあてて行なわれる

いいものです。それだけでも、体がほぐれてきて癒されます。

この手当てと同じなのが、手から出す「気のエネルギー」によって行なう施術なのです。空気中に浮遊している「気」を自分の手に集め、それを人にあてるという方法です。

そのちからは誰もがみんな持っていると思っています。

なぜなら、空気と同じで、私たちは平等に「気」を吸い込んでいるからです。

痛みや不調を抱えている家族や知人を、少しでも癒してあげたい。そのためには、「気」を上手に使えるようになることです。

「気」の存在に気づき、そして「気」はどのように私たちの体に取り入れられ、使われ、排出されていくかという「気」のサイクルを把握しておきましょう。

それからがはじまりです。

Part
2

まずは「気」で遊んでみよう！

だれにでもできる「気」遊びをはじめよう!!

まずは両手を上に向けて深呼吸

空気中に浮遊している「気」を自分の手に集め、その「気」を使っていろいろ試すことを「気」遊びと呼んでいます。「気」を上手に使いこなす第一歩として、まずは「気」遊びをはじめてみましょう。

「気」遊びはだれにでもできるものです。道場やセミナーなどでも、ウォーミングアップのような感じで「気」遊びを行なっています。この「気」遊びをトレーニングのようにして、毎日少しずつでもいいので行なうようにしていると、「気」を集めるちからがだんだんと強くなってくるものです。

それでは、手のひらに「気」を集めてみましょう。**手のひらがいちばん集めやすく、気を感じやすい部分**だからです。

このときに、「気」を「集めよう」と力まないこと。力んでしまうと逆に集まりにくくなります。**リラックスして、全身の力を抜くことが大切です。**

立って肩幅に足を少し開きます。肩の力を抜いて、両腕をだらんと下にたらしたら、

手のひらを上に向けて広げ、ある程度張りを持たせたあと、力を抜きます。

次に、その手のひらをおへそのあたりに持ってきます。

鼻から息を吸って、口から吐いて深呼吸しましょう。

手のひらに意識を集中させながら、左右に2~3センチ、ゆっくりと動かしてみます。

手にもぞもぞとした感触があるのが「気」

すると、**手のひらに何かまとわりつくような感じで、もぞもぞとしてきませんか**。そんな感じがしていたら、「気」が集まってきている証拠です。

手のひらがもぞもぞする感じがするのは、実はあなたの体の中に先に入り込んでいる「気」と新たに集めた「気」がくっついたからなのです。

次に両手をあわせて、手にボールを抱えているような感じにします。すると、

気遊びのポイント

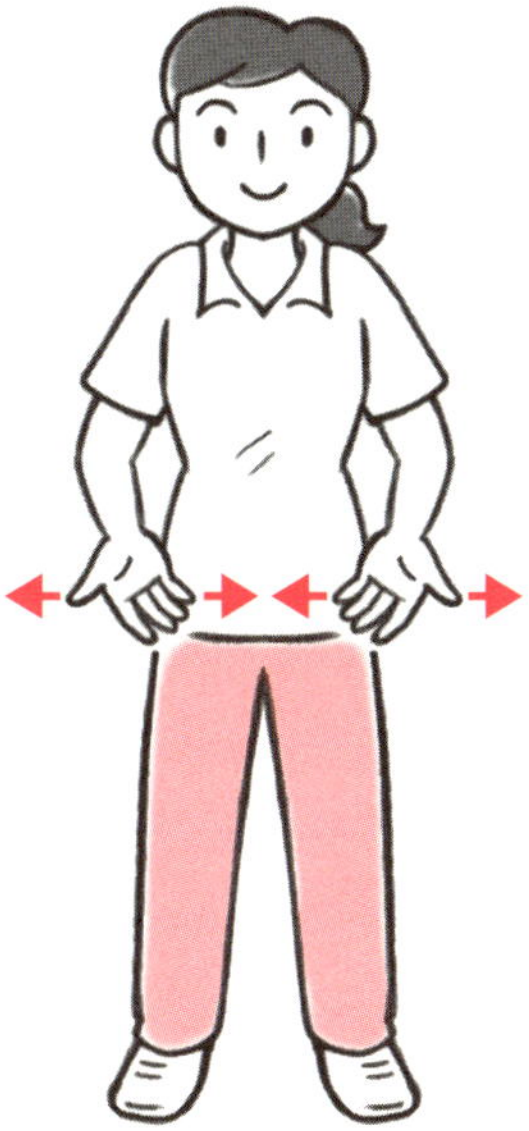

1 手のひらを広げて上に向け、左右にゆっくり２～３センチスライド

2 手のひらをみぞおちあたりまで移動、指先同士を向かい合わせる

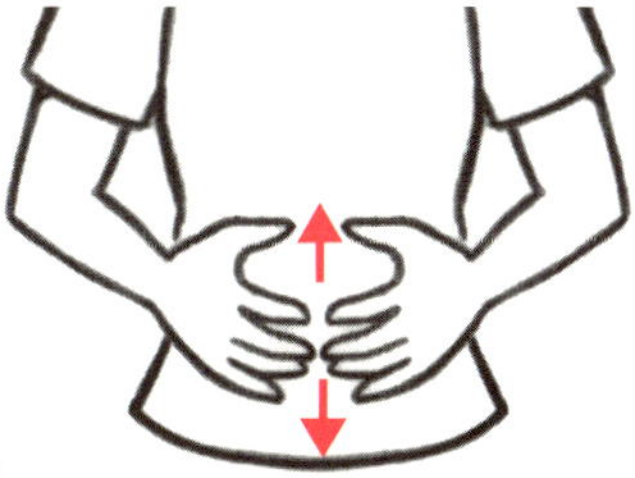

3 指先をゆっくり動かし「気」をこねて濃くなっていくのを感じる

4 気を引っ張っては戻すを繰り返し、「気」のラインを意識する

両手の間に「気」が集まっているのがわかるのではないでしょうか。

「気」で人を倒すこともできる

集めて感じ取れた「気」を使って、遊んでみましょう。

人は地球に立っていると微弱の磁気を帯びていると、私は考えています。体の前側がプラス、背中側がマイナスだと思ってください。

左ページで紹介しているように、ふたり1組となり、同じ方向を向いたり、向き合ったりしながら、「気」の存在を意識する感覚を養っていきましょう。

「気」で人が倒れる理由

1 人は地球から微弱の磁気を帯びていると考える。磁石に例えると、体の前側がプラス、背中側がマイナスとなる

2 同じ向きに並び、後ろから軽く手で前の人の体に触れると、後ろに倒れる。これはプラスとマイナスでくっつく磁石の原理と同じ

3 向き合って、手をあてると、自分から離れた側に倒れる。これはお互いの体が前向きとなってプラス同士となっているため

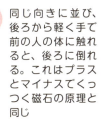

すべての癒しがここから生まれる「気」の基本〝ライン作り〟

施術で必要となるのが3本の指

手のひらに集めた「気」を感じ取れるようになったら、いよいよ**施術にあたって基本となる「気」のライン作り**をしてみましょう。

「気」のラインは、**左右の人差し指、中指、薬指の3本の指で作ります。**

左手の3本の指から「気」を出し、右手の3本の指で受けることで、その間に「気」のラインができます。

「気」のラインの間に患部をはさむようにして施術していくのです。

かつて私は、左右の手のひらで施術をしていました。しかし、「気」をあてていると、ときにわるい箇所から、お風呂上がりに体から出る湯気のようなもやが、立ちのぼってくることがあります。そのもやを手のひらで受けてしまうと、私の体に入ってしまい、下痢や嘔吐をしたことが度々ありました。

それらを避けるために、私は指を使うようになったのです。

「気」のラインを作るときに、指を少し曲げておくことで、わるいものが体に入りにくくなり、もし、右の指で受けたとしても、少し曲げた指の関節のあた

りから外へ逃すことができます。

手のひら全体で行なうよりも、指の方がピンポイントで患部にあてやすいという利点もあります。がん細胞の初期の段階などでは、ミリ単位です。それだけに指から細く出した方がアタックしやすいといえます。

また、ホースで庭に水をまくときに、ホースの先をつまんだ方が、水が勢いよく出ますよね。それと同じで、手のひら全体で行なうよりも、**指からの方が勢いよく「気」をあてることができます。**

「気」のラインを作ってみよう

「気」のラインを作る方法はとても簡単です。

左右の3本の指（人差し指、中指、薬指）を自分の胸の前で向き合わせ、指

「気」の基本となるライン

指3本でラインを作る

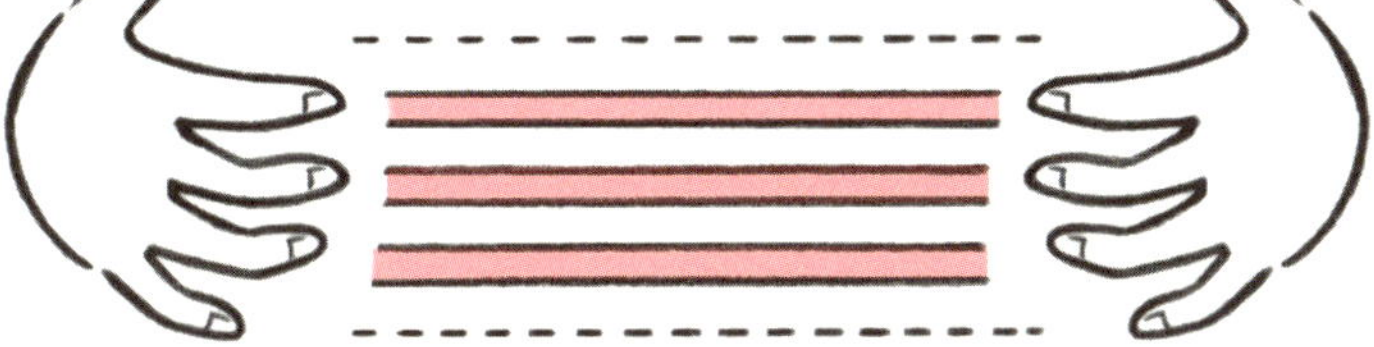

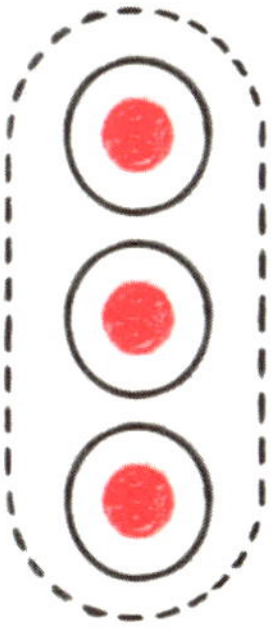

1 左右の3本の指（人差し指、中指、薬指）を胸の前で向きあわせる。指先を軽くこすり、ゆっくり少しずつ離して「気」のラインを作る

1本のラインの真ん中は透明で強い線があり、そのまわりにグリーンのもやがある。3本を囲むように全体に太く白いもやがある

気の流れとアタックの仕方

2 両手の3本で作ったラインの間に施術したい箇所をはさむようにして、気をあてていく

は少し曲げてアーチ状のかたちを作ります。手首はできるだけまっすぐに伸ばしておきますが、指や腕の力は抜いておきましょう。

向き合わせた左右の3本の指先を軽くこすります。そして、そのまま向き合わせた指先をゆっくりと少しずつ離していきます。

5ミリ、2センチ、5センチ、7センチと少しずつ離したら、左右の3本の指先を小刻みにゆらしてみます。

すると、**指先がもぞもぞとしてくる感じ**がしてきませんか。その感覚が「気」のラインができている証拠です。

施術する患部によって、「気」のラインの幅を広げる必要がありますが、ゆっくり幅を広げていっても指先の感覚は変わりま

せん。これらを繰り返して、しっかりと感覚を覚えておいてください。

見えていなくても感じていれば大丈夫

こうして作った「気」のラインは、43ページのように見えています。

施術するにあたっては、見えていなくても大丈夫です。ただ、**「気」を感じることが一番大事**です。感じていた方が治しやすいといえます。

患部によっては指先ではなく、手のひらで広範囲に「気」をあてる場合もあります。その場合には、手のひらをあてると記述しておきます。

また、私の場合、左から右へと「気」のラインをつないでいますが、左が**「気」の利き腕となっている人は多い**ようです。おそらく心臓が左にあるからなのかな、と思います。中には右から左と逆回りの人もいます。ご自分に合わせて、どちらかの腕を強くしておく方が、施術には便利かもしれません。

「気」のちからは現代医学の手助けになるもの

自然治癒力を高めるのが「気」のちから

「気」のちからは、その人の自然治癒力を助けるものだと思っています。「気」を体に巡らせ、流れをよくすることで、**その人が本来持っている治癒力が高まり、健康になるのです。**

ただ、だからといって「気」のちからだけですべての痛みや病気などを取り除くことは難しいとも考えています。

私は医学を否定することはありません。私には医師の友人が何人かいますから、施術するにあたって、わからないことがあれば何でも電話で聞いたりもしています。

ほとんどの人は病気になったら、病院にいって治療を受けたり、薬を飲んだりするものです。

それぞれの病気には原因があって、それに合わせた治療法があります。昔に比べると治りにくい病気が治ったりと、現代医学の発展は素晴らしいものです。

私は、これまでたくさんの人の施術を行なってきました。

中には、病院にいってもなかなか治らないからと、私のところへ来られる人も少なくありません。そして、1回の施術で状態が改善した人もいれば、何回か受け続けて改善の兆しが出てきた人もいます。

みずから体験をしたり、そんな話を聞いたりして、自分でも施術の知識を得て誰かの役に立ちたい、と思う人が増えてきました。

そこで、私は、２０１７年に**「気の道場」を立ち上げた**のです。

「気の道場」はパワースポットにもなる

私は、一年中、日本全国を施術で飛び回っていますが、時間的にも肉体的にも、いける場所だったり、施術できる人数には限度があります。

「気」のちからは誰にでもあるものですから、そのちからに気づいて、私が行なって

気の道場

パワースポットになり、気をおぼえやすい

いるのと同じ施術ができる人を育てたいというのが、「気の道場」の目的です。

「気の道場」では、この本でも紹介しているのと同じく、**「気」のすべてを伝え、私の手技を隠さず教えています。**

これまでに何回か開催していますが、1回の道場で、60人と多くの人に参加してもらっています。

みなさん、とても真剣です。

集まった全員で輪となって並び、「気」のライン作りをします。すると、輪の中心に「気」のパワーが集まります。いってみれ

ば、そこがパワースポットのようになってしまうのです。

ひとりで輪の中心に立ってもらうと、体がぐわんぐわんとするような、四方八方から何かしら不思議な感覚がします、といわれます。

そこに「気」が集まっているからなのでしょう。


最初のうちは、「気」を感じにくい人や、「気」のラインがうまくできない人もいましたが、次第にできるようになっていきます。**「気」を覚えるには絶好の場所だと思っています。**

もし、興味があれば、「気の道場」へも参加してみてください。

「気」を強くしたいのなら、とにかくやってみる

講演会や「気の道場」で、「気」を強くするにはどうしたらいいかと、よく

※「気の道場」の参加の仕方は159ページで詳しく説明しています

「気」と現代医学の両立

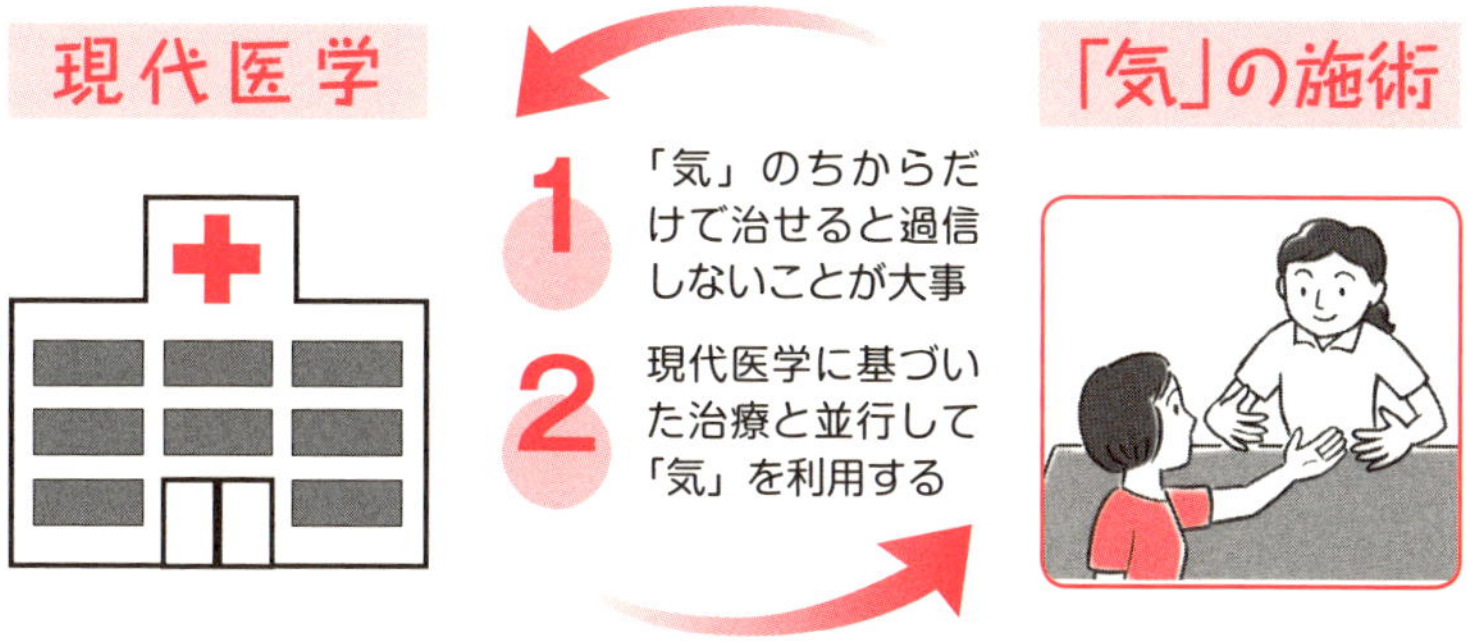
現代医学
「気」の施術
1 「気」のちからだけで治せると過信しないことが大事
2 現代医学に基づいた治療と並行して「気」を利用する

聞かれます。そんなとき、私がいつもいっているのが、「施術をやんなはれ」です。やらなければ強くはなりません。

とにかく挑戦してみることです。

「気」遊びからはじめて、「気」のライン作りを練習して、ある程度、「気」の感覚が掴めるようになったら、**まずは誰かに無心に施術してあげる**のです。その人の症状を改善できたら、自信につながります。

それが、より自分のちからになってくれることでしょう。

そして、何度もいいますが、どんな病気

でも「気」のちからで、すべて治せると思わないことも大切です。

「気」は現代医学と並行して行なっていく

私は「気」のちからが、現代医学の手助けになればいいと思っています。**現代医学に基づいた治療と並行して、「気」を使っていくべき**だと考えています。

施術を行なおうとしている人が、どのような病気を抱え、どのような治療を行なっているのか、しっかり把握しておくことです。

「気」のちからだけに頼ることなく、現代医学との両立を願っています。

さだじぃ。の奇跡の気功体験①

夫が「気」のちからで私を癒してくれました

中川奈美さん（59歳・主婦）

友人の紹介でさだじぃ。先生の施術へ

平成28年11月に骨盤臓器脱の手術をして1カ月後に難病といわれる突発性閉《へい》塞《そく》性《せい》細《さい》気《き》管《かん》支《し》炎《えん》を発症。動くことはもちろん、食事するだけでも息苦しくて体重は一気に7kg減り、死を覚悟しておりました。そんな私の状況を知った友人がなんとか助けたいとさだじぃ。先生を紹介してくれたのです。施術にいくためには家族のサポートが必要です。しかし夫は科学的に証明できない「気」のちからには否定的でした。幸いにも娘が協力してくれ、なんとか先生の施術を受けにいくことができました。

否定的だった夫も「気」を信じるように

1回目の施術を終えたとき、肺の奥までたくさんの空気が入って、呼吸が軽くなったのはいまでも忘

れられません。まさしく奇跡が起きた！　と実感しました。翌朝には嘘のように呼吸が楽になり、体がしっかり動いて入浴することもできたのです。２回目の施術には当初反対していた夫が付き添ってくれました。施術後に先生が夫へ「自宅でも気をあてることはできるから」と夫に「気」のあて方を教えていただき、これまで信用していなかった夫も「気」のちからの不思議な手応えを何か感じたようです。

主治医から珍しいケースだと驚かれた

以降は月１回の施術と自宅では毎日２回夫に「気」をあててもらうことを続けました。夫は「気」の道場へも参加するようになり、道場に参加後は「気」のパワーが何百倍にもなったようだといいます。おかげさまで私の病気は改善し、主治医からはとても珍しいケースだといわれました。現在はヨガ教室にも参加できるほどになり、体型もほぼ元に戻っています。

Part 3

次に「気」を練って、体にあててみよう！

悪いところに「気」をあててみよう この一歩で癒しがはじまる

まずはやってみることが大切

「気」遊び、「気」のライン作りと、「気」を感じ取れて、「気」が集められるようになったでしょうか。

ある程度できるようになったら、いよいよ施術の実践を行なってみましょう。

身近な人だったり、自分でも構いません。**とにかくやってみることが大切で**

す。やらなければ、「気」のちからは強くならないからです。

はじめるにあたって準備があります。

まず、椅子を用意しましょう。

私はよくパイプ椅子を使います。パイプ椅子は背中の部分が抜けているので「気」がとおりやすくなります。

背もたれのない丸椅子でもいいかと聞かれることもありますが、背もたれがある椅子の方が、楽に座れるのでおすすめです。

施術する相手の人には、必ず椅子に座ってもらうようにしてください。

「気」をあてていると、施術される相手の人が気持ちがよくなって寝てしまうことがあるからです。ちなみに、私が施術したときに、４時間起きなかった人

がいます。

これは、「気」をあてることで、その人の体が元の状態に戻ろうとして起こる、好転反応のようなものです。

施術を行なう時間について

施術を行なう時間としては、1回につき、20～30分を目安にします。それを、一日3回くらいに分けて行ないます。

また、**痛みや不調の原因となっている病気について調べ、ある程度の知識を得て、頭に入れておくことも必要**です。

例えば、糖尿病であれば、膵臓《すいぞう》の機能が低下して、膵臓が作り出すホルモンであるインスリンの分泌がうまくいかないことが原因のひとつです。そのこと

悪いところに「気」をあてる

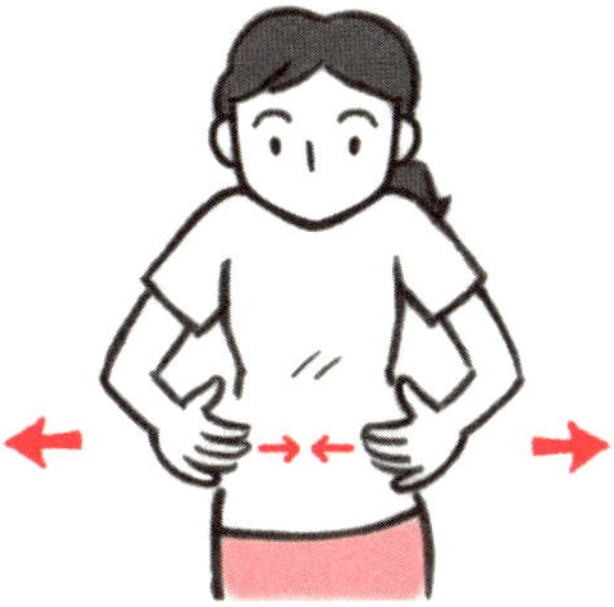

1 まずは「気」を集めて練って、「気」の状態を感じてみる

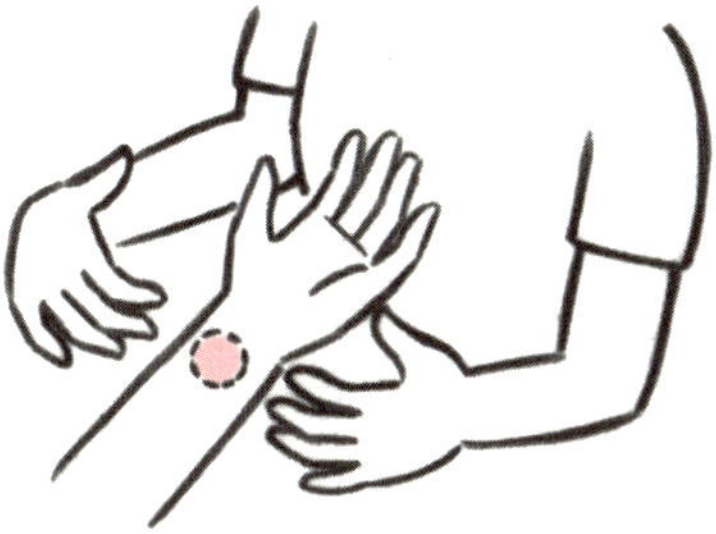

2 両手ではさむようにして、体の具合の悪いところ、痛いところに「気」をあてる

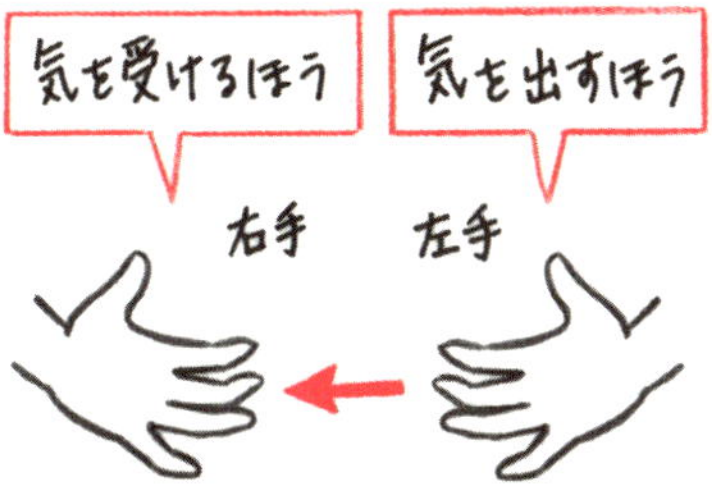

3 指を水道の蛇口としてイメージ。左手の指先から水が出て、右手でそれを受ける

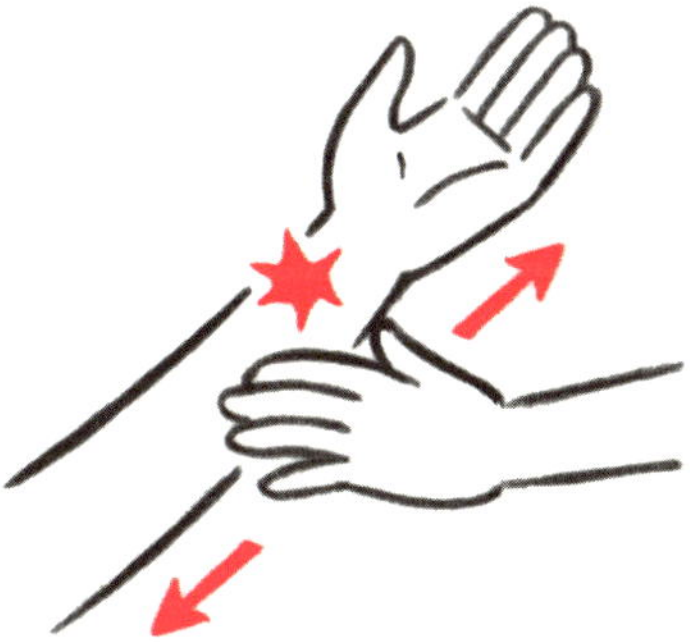

4 慣れてきたら、左手の指先で、痛む箇所、具合の悪い箇所をピンポイントで探る

がわかっていれば、膵臓に「気」をあてていけばいいのだというのがわかります。私自身もそうやって、いろいろと勉強をしていきながら、この病気にはここを中心にアタックしていけばいいのだと覚えてきました。

指を水道の蛇口とイメージする

それでは、はじめてみましょう。

まずは「気」を集めて、「気」のラインを作ります。

向き合わせた左右の3本の指先で、よく「気」を練ってからの方がいいでしょう。

このとき、**リラックスして、無意識でやった方がよく効きます**。「気」を出して

やるぞと気負ったり、体に力は入れないことです。

指先がもぞもぞしてきて、「気」の状態が感じられたら、あてたい箇所を両手ではさみ込むようにします。

あとは、「気」を送るだけです。

指を**水道の蛇口とイメージして、左手の指先から水が出て、右手でそれを受ける**と思いながらやるといいでしょう。

また、痛む箇所によっては、事前にゆっくりとストレッチを行なっておくと、より効きやすくなります。


回数を重ねて慣れてきたら、左手の指先で、痛む箇所や具合の悪い箇所をピンポイントで探っていきます。敏感な人だと、指先の感じ方が症状によって違いがあるのが、わかってくるようになります。

前から、後ろから「気」のあて方の基本を知ろう

臓器の位置を覚えておくことも必要

「気」のラインを作り、その中に、痛い箇所や具合の悪い箇所をはさみ込むようにして、「気」をあてていく。このことはわかっていただけたかと思います。

ただ、体の中の臓器に「気」をあてたいときには、効果を高めるためにも、臓器によって、**体の前からだったり、後ろからだったりと、あて方に違いがあ**

るのを知っておくことも大切です。

心臓や肺、胃などの位置は、だいたいどの人もわかっているかと思います。でも、細かい部分の臓器までわかる人はそれほど多くないかと思います。

私は施術を行なうようになってから、人体解剖図をよく見て、それぞれの臓器の位置を覚えるようになりました。

施術を行なえるようになりたい、と思うならば、**人体解剖図などで臓器の位置を覚えておく**ことを、おすすめします。

基本的に、左手の指先が「気」を出す方、右手の指先が「気」を受ける方です。

このことから、体の前から「気」をあて

人体解剖図を
見ておくと覚え
やすいです
Good

るなら、左手の指先を体の前に持ってきて、背中側に右手の指先を持ってくるようになります。

体の後ろから「気」をあてるときは、この逆になります。

臓器をほぐすように「気」をあてていく

施術のとき、体の前から「気」をあてる部位としては、甲状腺、食道、肺、胃、十二指腸、小腸、大腸、生殖器です。

肝臓だけは前からも、後ろからも「気」をあてていきます。

体の後ろから「気」をあてる部位としては、首、脊髄《せきずい》、脾臓《ひぞう》、副腎《ふくじん》、膵臓《すいぞう》、腎臓《じんぞう》、肛門です。

これらの臓器に「気」をあてるときには、臓器をはさんで「気」のラインを

施術のとき、前からあてる部位

これらの部位は体の前から「気」をあてていく。「気」を出す方の左手の指先を体の前に持ってきて、受ける方の右手は背中側に

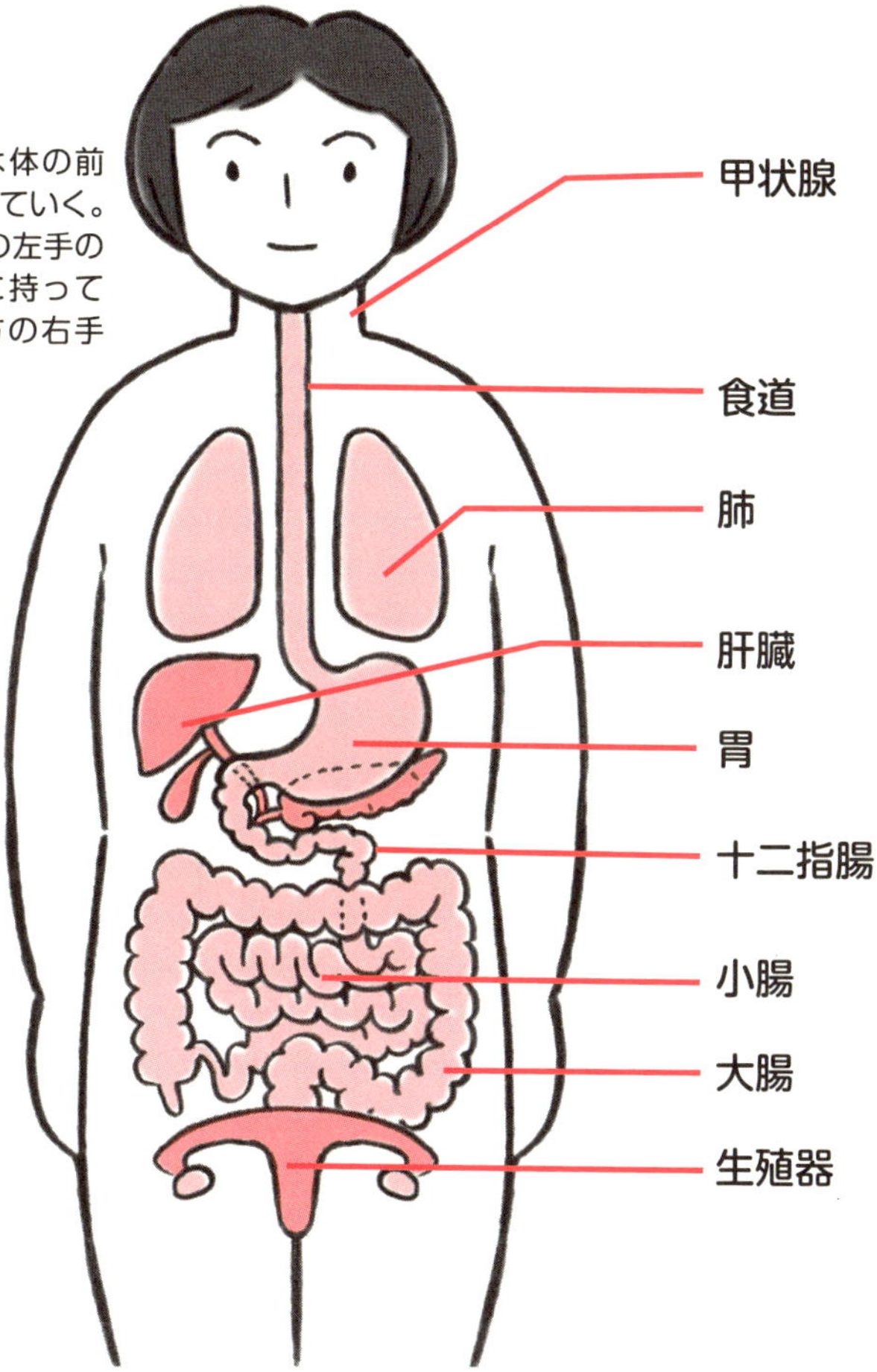

しっかり結び、臓器をほぐすようなイメージで行ないます。

まずは脾臓《ひぞう》に「気」をあてる

施術を行なう順番として、私はいつも次のようにしています。

（1）まず脾臓に「気」をあてる。

（2）次に痛い箇所や具合の悪い箇所に「気」をあてていく。

脾臓に最初に「気」をあてるのは、脾臓は免疫力を高めてくれる役割があり、脾臓か

とにかくはじめに脾臓アタック！

脾臓は背面から見て体の左側、胃のちょうど後ろ側にある。位置としては腹部の上、肋骨のすぐ下。通常はにぎりこぶしほどの大きさをしている

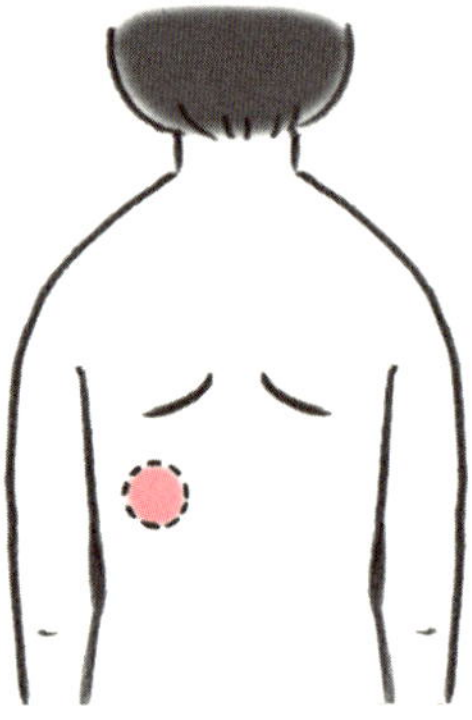

脾臓とは!?

古くなった赤血球を壊し、鉄分とヘモグロビンに分けるだけでなく、血小板などの血液成分を蓄える臓器。また、脾臓ではリンパ球が作られる。リンパ球は細菌やウイルスなどから体を守るための抗体を作るため、脾臓の働きをよくすれば免疫力を高めることになる

施術のとき、後ろからあてる部位

これらの部位は体の後ろから「気」をあてていく。「気」を出す方の左手の指先を背中側にもってきて、受ける方の右手は体の前に

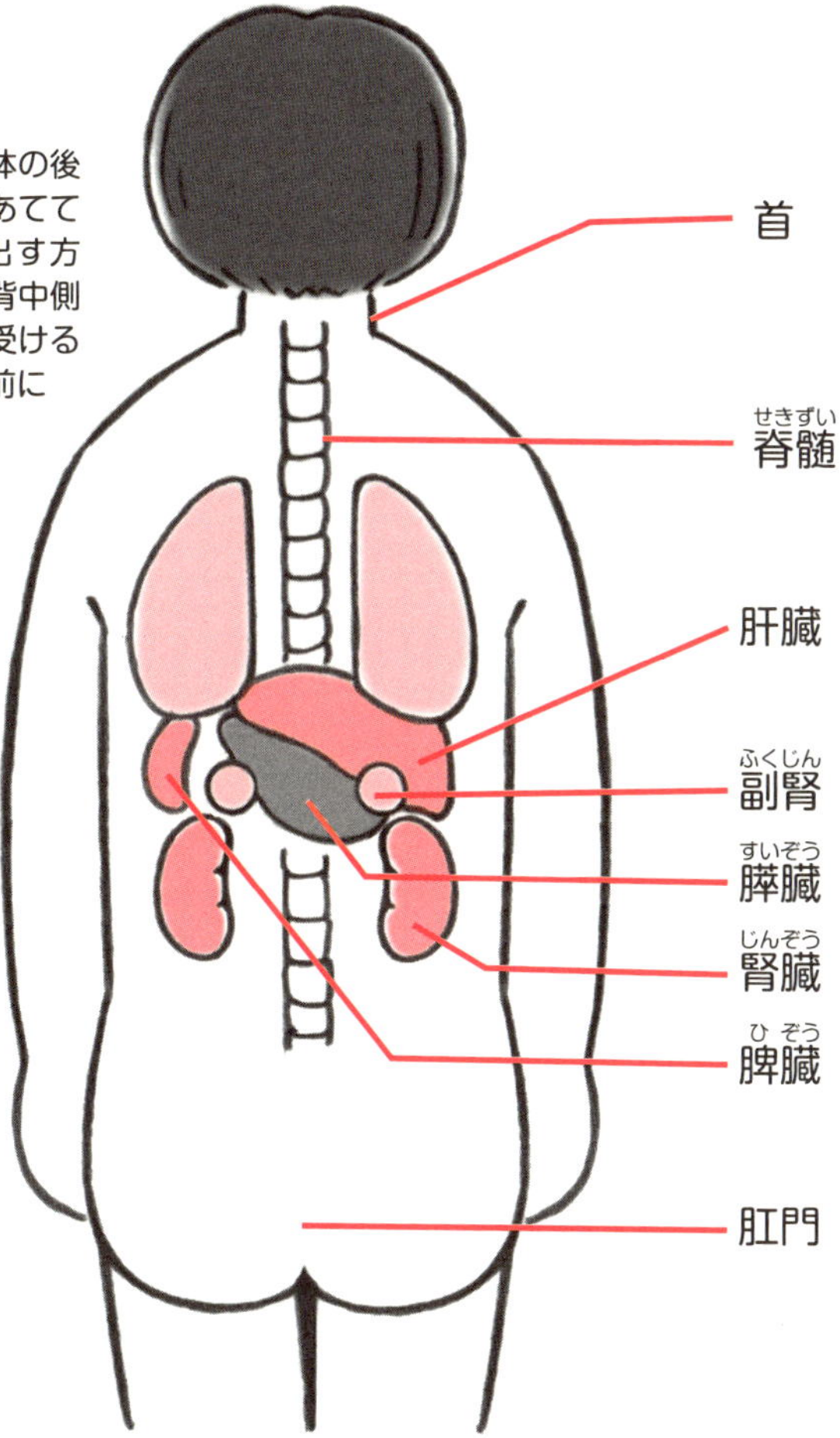

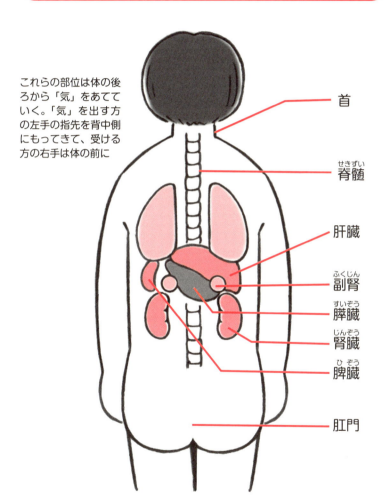

らはじめると、より効果があるからです。

痛みや具合の悪い箇所が一カ所ならその部位を、状態によって二カ所以上「気」をあてる必要がある場合、体の上にある部位から下へと順に行ないます。

自分に行なうときもリラックスして

自分自身の痛い箇所や具合の悪い箇所に「気」をあてるときには、やはり椅子に座って行ないます。

両手の指先が届く範囲であれば、ほかの人に施術を行なうのと同様に、両手の指先で作った「気」のラインで患部をはさむようにします。

手が届きづらい箇所には、片手をあてるだけでも大丈夫です。

いずれにしても、できるだけ体に力が入ったりしないよう、リラックスした姿勢で行なうようにしてください。

自分に「気」をあてる

手が届くところ

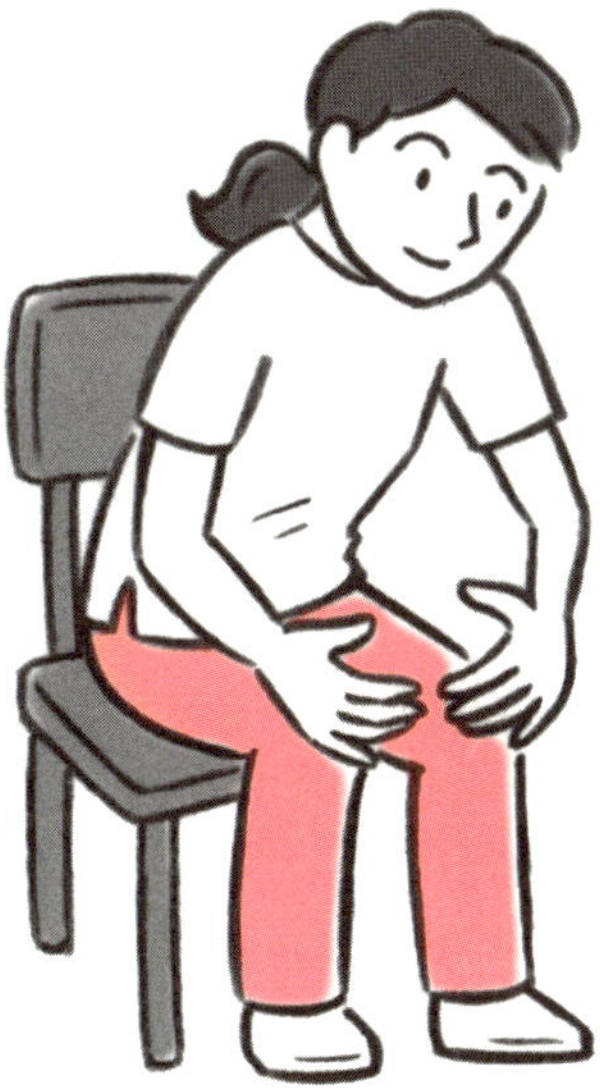

椅子に座り、リラックスした姿勢で、両手で作った「気」のラインをあてたい患部をはさむようにして、「気」をあてる

手が届きづらいところ

両手が届きづらい箇所であれば、片手だけでもOK。手のひらを患部にあてていく。このときも、できるだけリラックスした姿勢に

施術で困ったときに押す「神様のツボ」

手のひらと膝裏に「神様のツボ」がある

私は施術を行なうとき、「気」をあてながら、施術ポイントを探るのですが、あるとき、ここだという場所を見つけました。

それが**「神様のツボ」**と呼んでいるものです。**このツボを刺激することで、さまざまな症例に効果がある**と考えています。

これは難しいなぁ、困ったなぁと思った症例のときには、「神様のツボ」を刺激するようにしています。

「神様のツボ」は、左右の手のひらと膝裏にあります。

これまで多くの人を施術してきた経験から、手のひらにある「神様のツボ」は、**頭痛、耳鳴り、目の病気、つわり、多動症など**に効果が見られました。また、脳が関係する症状には、とくに効き目があるようです。

膝裏にある「神様のツボ」は、**腰痛にとても効果がある**というのが、私の経験上でわかっています。

ただ、どうして「神様のツボ」を刺激すると症状が改善されるのか、私自身もわか

っていません。ツボを刺激することで血流がよくなり、臓器や器官が本来の働きを取り戻していくからなのかもしれません。

手のひらの「神様のツボ」を見つけてみよう

手のひらの「神様のツボ」の見つけ方は次のとおりです。

人差し指と中指の付け根の間から、手首の方へと下がった位置に中手骨《ちゅうしゅこつ》があります。中手骨の先端にある大きな骨のすぐ下あたりに、少しだけくぼんだ部分があるのがわかりませんか。

刺激をあたえるときには、手の甲側の人差し指と中指の中手骨のくぼみに親指を、手のひら側は同じ部分に人差し指で押さえるようにします。そうすると、人差し指が「神様のツボ」にあたります。

強く押さなくても、**ツボに指が入っていると、飛び上がるほどの痛みを感じ**

手のひら、膝裏の「神様のツボ」

手のひらの「神様のツボ」

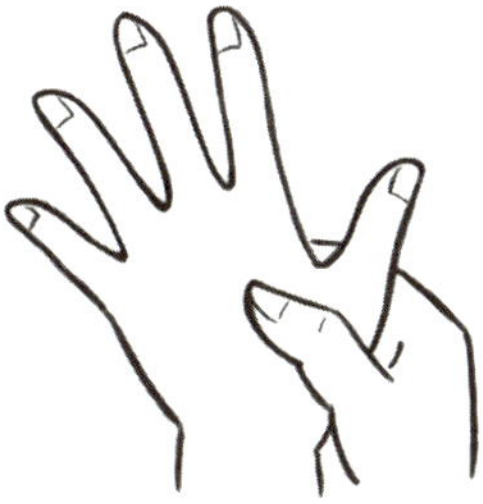

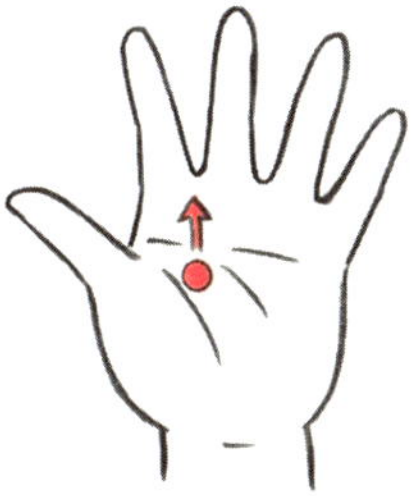

1 人差し指と中指の付け根の間から下がった位置に中手骨がある。その骨のすぐ下のややくぼんだ部分が神様のツボ

2 手の甲側に親指、手のひら側に人差し指で①の場所をはさむようにして押すと、人差し指で「神様のツボ」を刺激することができる

膝裏の「神様のツボ」

内側

膝裏の内側に位置するツボ。坐骨神経痛などのお尻を経由して引き起こされる腰痛には、ここを押す

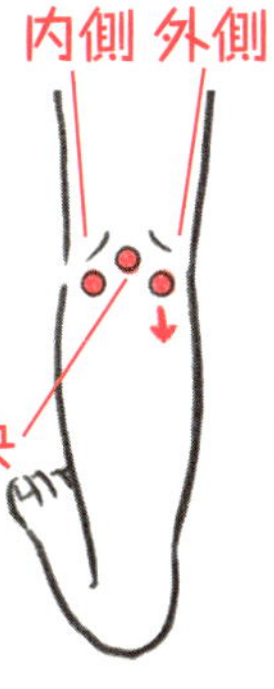

外側

外側のツボはやや範囲が広い。腰そのものが悪いのが原因となっている腰痛はここを押す

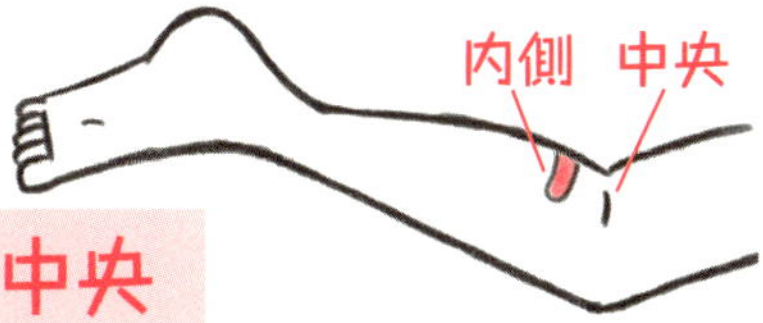

中央

膝裏の真ん中にあるツボ。腎臓や肝臓、膵臓など内臓疾患が原因となる腰痛にはここを押す

るはずです。

最初はツボに指が入るのが、なかなか難しいかもしれませんが、骨をより分け、筋肉を割るようにしてみてください。

腰痛に効果のあるツボ

膝裏の「神様のツボ」は73ページのイラストで紹介しているように、膝関節のやや下の方の位置に、**内側、中央、外側と三カ所**あります。

症状によって、押して刺激をあたえるポイントに違いがあります。

腰痛のある人は、この三カ所を押してみてください。押したときに強い痛みを感じる場所が、その人の状態にあったツボになります。

さだじぃ。の奇跡の気功体験❷

医療と「気」のちからの極致!? で病も快方へ

小川裕子さん（53歳・元添乗員）

膵臓《すいぞう》がんの腫瘍マーカーの値に変化が

私は2016年に膵臓がんが見つかり、ステージ3で手術もできませんでした。知人からさだじぃ。先生を紹介してもらい、はじめて施術を受けたのは2017年4月です。そのとき、先生が手を当ててくださった背中の膵臓あたりがもぞもぞと動いたことはいまでも覚えています。以来、月に2回のペースで施術を続けており、その間、膵臓がんの腫瘍マーカーCA19-9※の値は境界の37を一度も超えることなく、毎月10から20をキープしています。一時期は140近くの値であったのが信じられません。

施術を続け、半年後にはほかの数値も下がる

また、施術をはじめて6カ月が経った頃には、中性脂肪、コレステロール、血糖値がいずれも基準値

※CA（carbohydrate antigen）19-9は、膵臓がんに特異性を持つ腫瘍マーカーで、膵臓がんを発症した場合には、80～90%の確率で陽性を示す。また、CA19-9の基準値は、37U/ml以下（RIA法）となっている。

以下になりました。先生は毎回、私の検査の結果を聞いて喜んでくださり、励ましの言葉をくださいます。西洋医学を決して否定することはありません。忘れられないのは「あなたの主治医は素晴らしい。強くない抗がん剤で長く治療をなさる方針ですね」と現状をずばりといい当てられたひと言でした。

夢の実現のためにも完治を目指す

さだじぃ。先生の不思議な「気」のちからと、通院している主治医の先生のちから、どちらもいまの私を助けてくださる、大切な治癒力と思っています。

まわりの家族、友人、そのほか皆様のおかげで普通に働き、おいしいものを食べ、笑い、そして叱咤激励されて、日々感謝の念で元気に生きております。私の夢は、心が傷ついたり、弱った方々に癒しを与えられる人になることです。夢を実現するためにも、難しいといわれる膵臓がんの完治を目指します。

Part
4

体の4大〝痛み〟&〝こり〟が軽くなる！「気」でマッサージ！

首をほぐす準備運動をしてから「気」で肩こりを解消しよう

まずは肩甲骨《けんこうこつ》まわりをほぐしていく

体の中で痛みやこりがあると辛いのが、首、肩、腰、膝ですよね。「気」でマッサージを行ない、痛みやこりが軽くなる手助けをしてあげましょう。

肩こりを解消するには、首をほぐしてあげることからはじめます。首をほぐすだけで、肩こりが解消してしまう人も中にはいるのです

まず、首をほぐすにあたって準備運動を行ないます。施術される人には、椅

子にまっすぐに座ってもらい、体の力は抜いて両手はだらんと垂らしておいてもらいます。

次に、背中側にある肩甲骨《けんこうこつ》の下に、左右どちらかの手を使って、指先を入れます。肩甲骨を少しずらしていくイメージです。最初はなかなか入らないかもしれません。太った人や猫背の人はとくに入りにくいものです。少しずつ入れていき、**肩甲骨のまわりにある筋膜《きんまく》**（筋肉を覆っている膜）**をほぐしてあげましょう。**

指先が入ったら、もう片方の手を肩にそえ、ゆっくり肩を5秒ほどまわします。同様にして、反対側の肩もまわします。

このようにすることで、肩甲骨がほぐれていきます。私はこれを「肩甲骨は

がし」と呼んでおり、この準備運動はとても重要です。

首や肩に「気」をあてていく

首まわりの痛みを癒すには、左ページのイラストのように後ろから**首筋を軽く支えるような状態で、両手で包んで「気」をあてます。**

このとき、座っている人がリラックスしていると頭が後ろへと倒れてくることもあるため、しっかりと支えてあげてください。

これを繰り返すことで、首まわりがほぐれてきます。

肩こりを癒すには、**肩に両手をのせて「気」をあてていきます。**

このとき、指先から「気」が流れていくイメージを意識するようにしていくといいでしょう。

肩こり、首まわりの痛みを癒す

準備運動

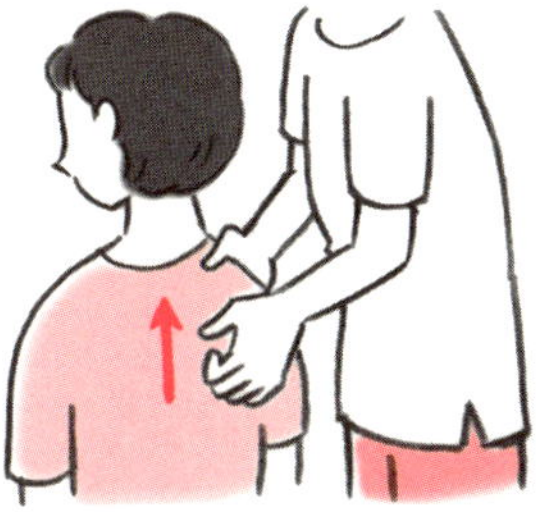

1 手をだらんと垂らして座ってもらい、肩甲骨の下に指先を入れる。肩甲骨の下を少しずつほぐすイメージで

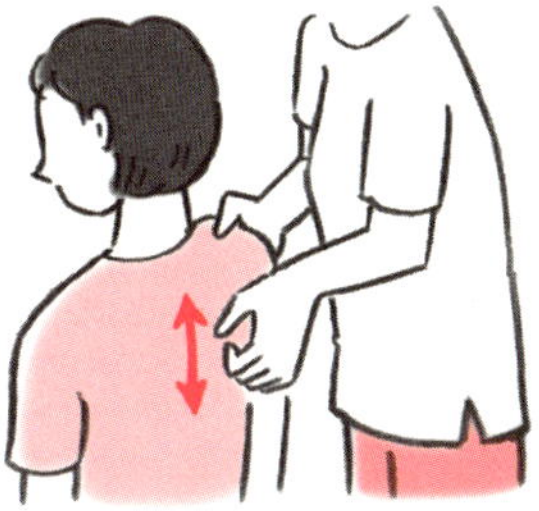

2 指先が入ったら、ゆっくりと肩を5秒ほどまわす。こうすることで肩甲骨のまわりにある筋膜がほぐれる。反対の肩甲骨も同様に

肩

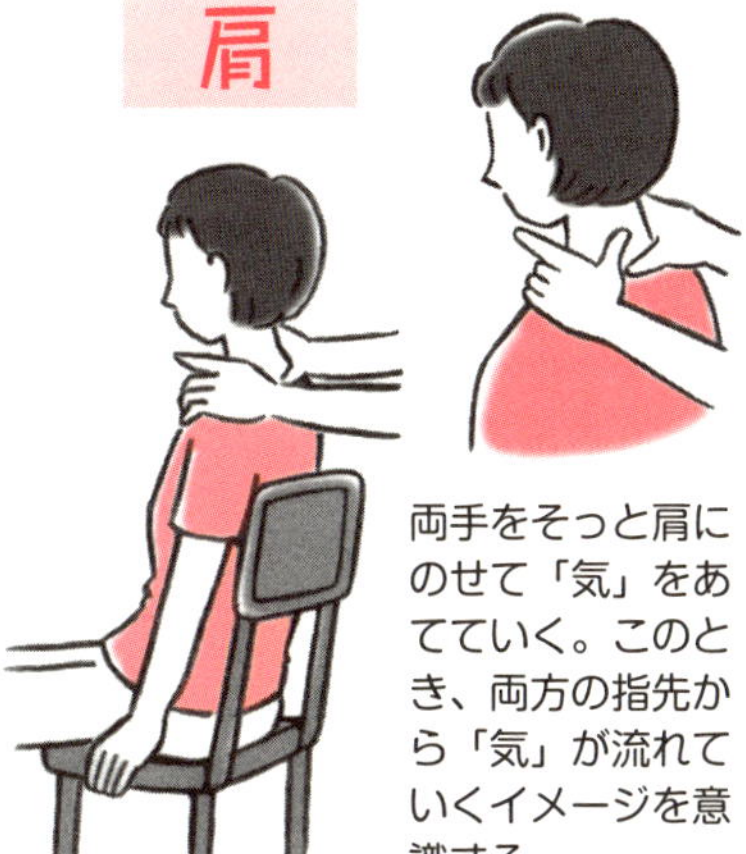

両手をそっと肩にのせて「気」をあてていく。このとき、両方の指先から「気」が流れていくイメージを意識する

首

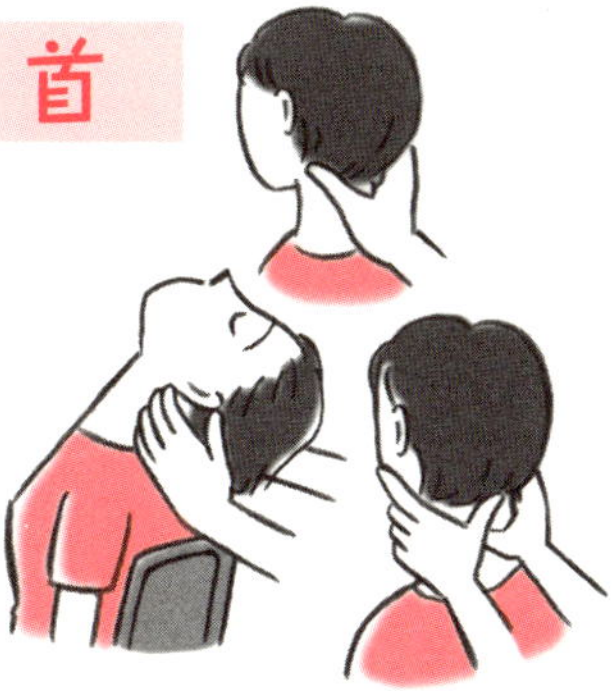

右手、左手の順に首筋をそっと包み込んでおく。リラックスした状態だとやがて頭が後ろへと倒れてくるので、しっかりと支える

神様のツボと腰を「気」で結んで腰の痛みを癒してみよう

痛みがある部分を必ず聞いておく

腰痛を抱えている人を、「気」のちからで少しでも癒してあげることができたらと思う人も多くいます。

「気」をあてて、腰の痛みを和らげてあげましょう。

腰痛だけに限らず、痛みがあるときには、**必ずどの部分が痛むのかを聞いて**

おきます。そして、まずは聞いた箇所に「気」をあてます。

一度、痛みが和らいだ状態を作ってあげると、「ここも痛い」と別の箇所をうったえる人も中にはいます。

この場合、最初の部分だけでなく、両方が痛かったことも考えられます。両方に痛みがあっても、強く痛む方をまず感じているのです。

痛みがあるという箇所を聞きながら、順に「気」をあてていきましょう。


腰の施術を行なうときは、うつ伏せに寝てもらいます。

腰に「気」をあてていく前に、**ここで効果的なポイントとなる**のが73ページで紹介した**膝裏の「神様のツボ」です。**

膝裏の外側、中央、内側にある「神様のツボ」を順に右手の指で押して刺激を与え、三カ所のうちのどこが一番に痛みを感じるかを聞いてみます。

いずれかの「神様のツボ」を刺激されたとき、激しい痛みが生じて思わず体がのけぞってしまう人もいます。

腰が熱くなってきたらゆらしてほぐす

その人が痛がる「神様のツボ」の箇所がわかったら、その箇所に**刺激を与えている状態のまま、左手を腰にのせます。**

「神様のツボ」と腰を「気」で結ぶようなイメージで、「気」をあてていきます。

そのままで10分以上経ってくると、腰が熱くなってくるのがわかると思います。

腰が熱くなってきたら、左手で腰をゆすります。**最初はゆっくりと**です。**段々と大きくゆすって、**腰の痛みを癒してあげましょう。

腰の痛みを癒す

腰と神様のツボを結ぶ

膝裏の神様のツボを探る

外側　中央　内側

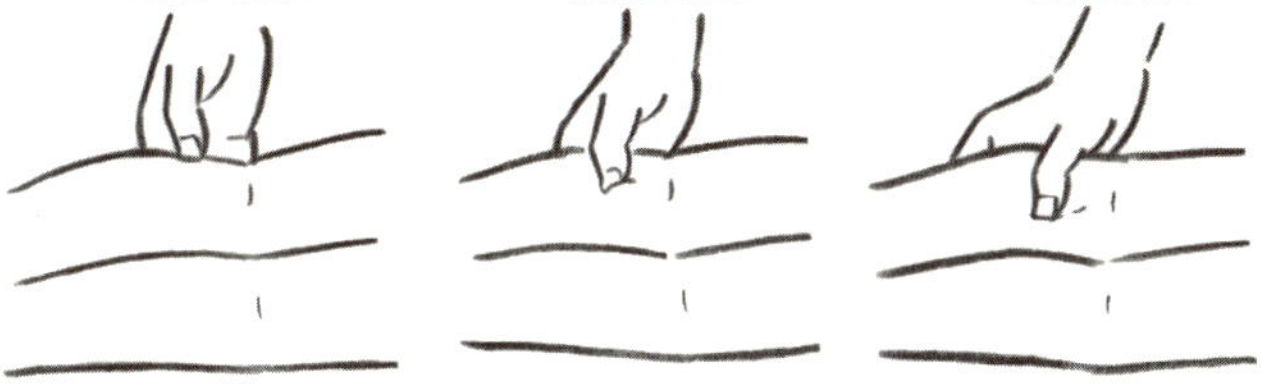

1 うつ伏せに寝てもらった状態で、右手で膝裏にある三カ所の神様のツボを順に押す。一番痛みを感じる箇所がどこかを探る

2 右手は神様のツボを押した状態のまま、左手を腰に置く。そのまま 10 分以上時間をかけて腰に「気」をあてていく

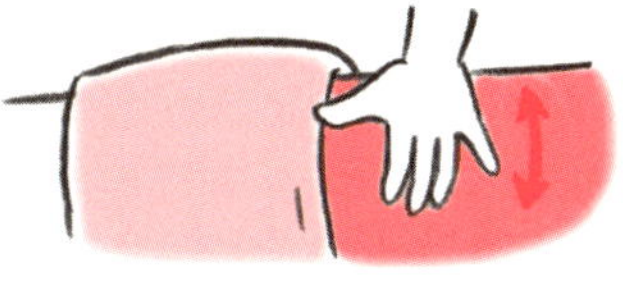

3 左手をあてた腰が熱くなってきたと感じたら、腰をゆっくりゆする。段々と大きくゆすっていきながら、腰をほぐしていく

「気」を送りながら動かすことで膝の痛みを和らげてみよう

する側もされる側もリラックス状態で行なう

膝の痛みに悩まされている人の施術も、多い依頼のひとつです。年配の人だけとは限りません。**年齢に関係なく、病気やケガなどで膝を痛める人はいます**から、「気」を使って、膝の痛みを和らげてあげましょう。

膝の施術を行なうにあたっては、施術をする側もされる側も、椅子に座ります。**どちらもリラックスした状態で行なうことが大切**です。

必ず、**膝のどの部分が痛むのかを聞いておきましょう。**膝の真ん中であったり、右側や左側だったりと、痛む箇所にも人によっていろいろ違いがあります。

その箇所に「気」をあてていきます。

まず、**膝を伸ばした状態からはじめます。**

施術される人の足をゆっくり持ち上げたら、そのまま自分の足の上に乗せます。

そして、あらかじめ聞いておいた痛みのある箇所を「気」のラインではさむようにします。

例えば、膝の真ん中であれば、左の指先

痛みのある
箇所から順に
行ないます
Good

を膝の真上に持っていき、膝裏側に右の指先を持っていきます。

左の指先から「気」を送るイメージであてていき、右の指先が引っ張られるような感覚があったら、「気」のラインがつながっている証拠です。

痛みが和らいだらゆっくり動かす

「気」をあてて、痛みがある程度、和らいできたら、**膝を上下にゆっくりと動かします。膝をほぐしてあげるイメージで行ないましょう。**

私はいつもこのように「気」を送ったあと、軽いストレッチをするように動かしながら施術を行なっています。

膝の痛みがひどい人だと、膝を伸ばすのが最初は難しいこともあります。

ただ、まずは膝を伸ばしてあげないと、痛みがなかなか取れにくいので、

膝の痛みを癒す

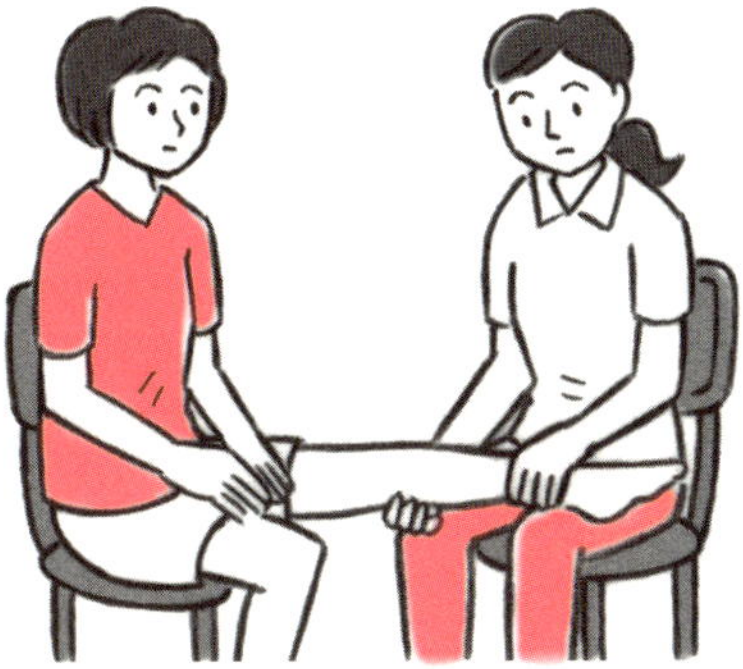

1 椅子に座って、ふたりともリラックスできる体勢をとる。ゆっくりと足を持ち上げ、自分の足の上にのせて膝を伸ばした状態にする

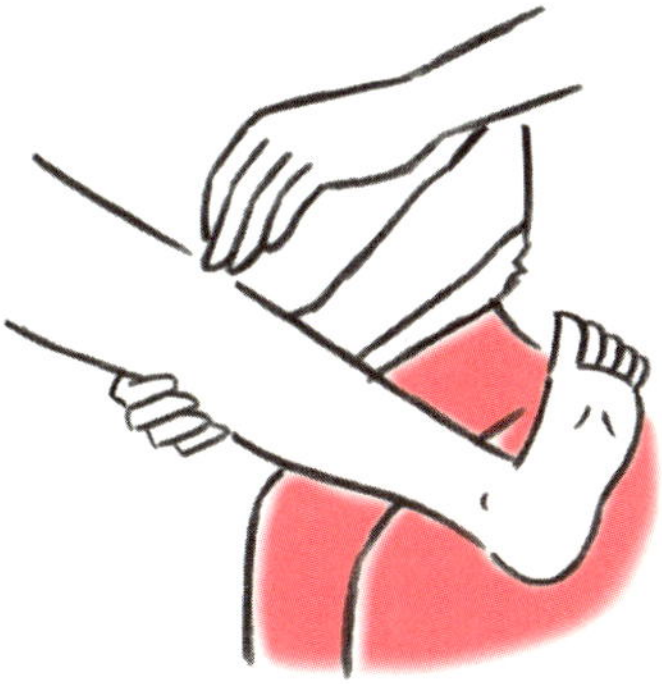

2 あらかじめ聞いておいた痛みがある箇所を、「気」のラインではさむようにして「気」をあてる。イラストは痛みが膝の真ん中の場合

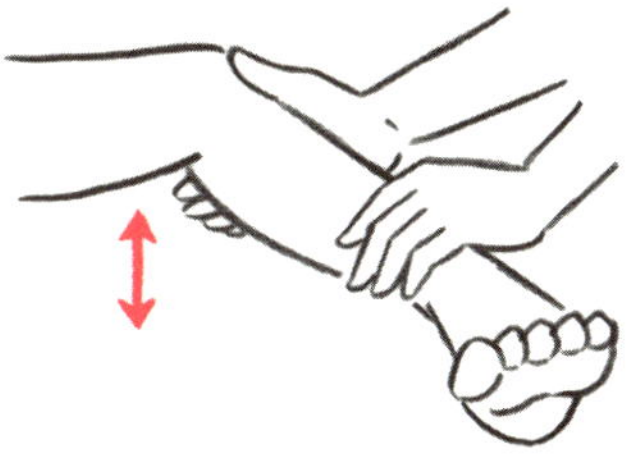

3 しばらく「気」をあてて、痛みが少し和らいできたら、そのまま膝を伸ばした状態で、膝を上下にゆっくりと動かしてほぐす

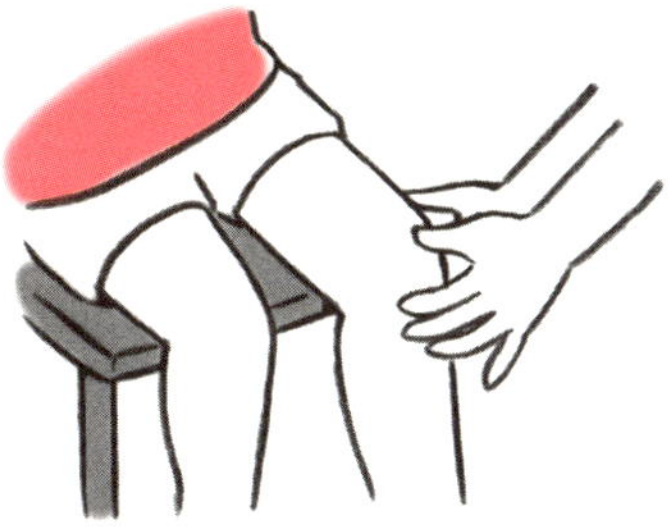

4 足をおろし、次に座って膝を曲げた状態で、痛みがある膝の箇所を「気」のラインではさむようにして「気」をあてていく

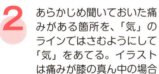

年配の人の膝の痛みには

1 リラックスした体勢で膝を伸ばした状態にする。痛みがある箇所を「気」のラインではさむようにして「気」をあてる

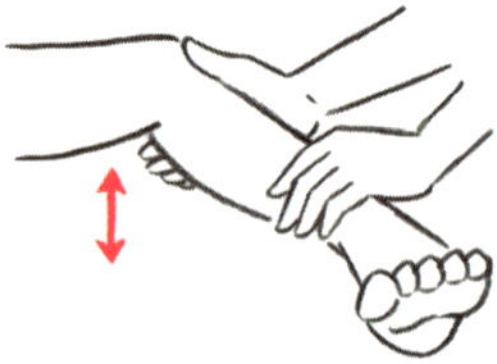

2 「気」をあてたあと、次にそのままの状態で膝裏をゆっくりと指でほぐしていく。年配の人の膝の痛みにはこのほぐす作業がポイント

3 膝裏をほぐしたら、そのまま膝を伸ばした状態で、膝を上下にゆっくりと動かしていき、膝全体をほぐしていく

ゆっくりと行なうようにしていくと、少しずつ伸びていくようになります。

最後に、足をおろして、膝を曲げた状態で「気」をあてていきます。

年配の人は膝裏をほぐす

年配の人には、膝を伸ばした状態で、痛い箇所に「気」のラインであてていくまでは同じです。

「気」をあてたあと、膝裏を指でほぐしていきます。そして、膝をゆっくりと上下に動かしてあげてください。

さだじぃ。の奇跡の気功体験③

医学から「気」のちからの謎を解明してみたくなった

上徳亮輔さん（49歳・医師）

「気」を治療に活かしたい

私がさだじぃ。先生にはじめてお会いしたのは、２年ほど前、熊本の施術会場でした。以前より私は中国武術や中国医学（鍼治療）を習っており、手のひらに、もやもやしたりビリビリしたりする、いわゆる「気」は感じていました。しかし、これを治療に活かすにはどうしたらよいかと悩んでいました。お会いしてまず驚いたのは、先生の近くに寄ると体全体で「気」をビリビリと強烈に感じたことです。

魔法のような施術の数々に驚き

そして、目の前で展開される魔法のような施術の数々！　印象的だったのが、間質性肺炎《かんしつせいはいえん》で在宅酸素療法を余儀なくされていた方。間質性肺炎は治療が難しい病気で、それによる肺障害はなかなかよくならないとされています。先生が胸部を中心に「気」のラインをあてる施術を行なうと、その方が「呼吸がしやすく、楽になりました」といいます。これまで何度か先生の施術を受けられ、いまは在宅酸素療法の必要がなくなっているとのことで驚きました。

謎を解明するのを課題にしたい

ここまでよくなるのは、どういうメカニズムなのか。病院での治療を行なわれている方なので、その効果の可能性は考えられます。しかし、医師の私の目から見ても、それで得られる以上の回復を示しているとも思います。こうしたいくつかの施術例を見学させていただき、先生から私自身にも「気」の強化法を施してもらいました。それにしても、「気」のちからが何らかの影響をもたらしているかもしれないと思うメカニズムは、はっきりとはわかっていません。その謎は解明していくべき課題だと考えております。

Part

5

ちょっとした不調も「気」におまかせ！「気」の実践　入門編

頭痛や冷え性など慢性的な症状に「気」をあててみよう

頭痛には小脳へ向けて「気」をあてる

ここからは入門編として、**気になる不調に対する施術**を紹介していきます。
慢性的に頭痛が起こる、いわゆる「頭痛もち」の人は、なかなか辛いものです。また、男性に比べると女性では、寒い時期だけに限らず、年間を通して冷え性に悩まされている人も多いようです。

頭痛や冷え性などの症状を少しでも和らげることにも、「気」のちからは役

立ちます。

どのように「気」をあてていけばいいのかを知っておきましょう。

まずは頭痛に対しての施術のやり方です。施術される側の人は椅子に座り、**リラックスした姿勢をとってもらいます。**

基本的には「気」のラインで、頭の痛い箇所をはさみ込むようにして、「気」をあてていきます。

頭痛にともなって、めまいを引き起こしてしまう人も中にはいます。その場合は、耳の中に何かしらのトラブルがあることも考えられます。

頭痛に対して施術するときには、**耳の中へもあてることを意識しながら、**広

頭痛のための施術

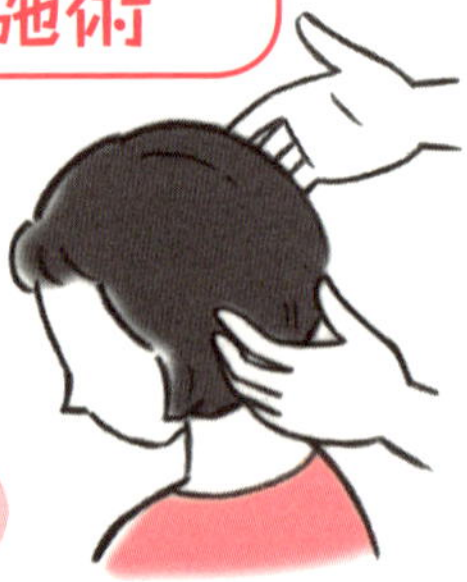

1

耳の後ろに位置する小脳を狙うように意識する。まずは後ろ側に立ち、「気」のラインで小脳のあたりをはさむように「気」をあてる

2

後ろ側から「気」をあてたら、次に前に立つ。同様にして小脳のあたりを「気」のラインではさむようにして「気」をあてていく

範囲に「気」をあてていくといいでしょう。

耳の後ろには小脳が位置しています。

その小脳を「気」のラインではさむようにします。

最初は後頭部側から、「気」をあてていきます。このとき、「気」のラインを作っている**左右の3本の指先が、しっかりと向き合っている**ことが大切です。

後頭部側から行なったら、今度は前側からも行ないます。

このように、後ろからと前からと両方か

ら「気」を流していくように心がけましょう。

冷え性は、脾臓にまずは「気」をあててから

次に、冷え性に対しての施術のやり方を紹介します。

施術をされる人に椅子に座ってもらい、リラックスした姿勢をとってもらいます。

まずは必ず、脾臓《ひぞう》に「気」をあてることからはじめます。

左の3本の指先を背中側、右の3本の指を体の前側にして、「気」のラインで脾臓をはさむようにします。

そのまま、2～3分ほど「気」をあて続けていると、脾臓のあたりが温かくなってきます。

中には、脾臓のあたりだけでなく、全身の血の巡りがよくなったかのように、

体中が温かくなったと感じる人もいます。

上半身から足首まで

次に、首と肩のラインが交わる部分に、左の手のひらをあて、「気」を送ります。

そのまま、左手を腰にあてます。

次は、左右の足を順番に「気」をあてていきます。**冷え性で悩む人は、下半身が冷えるという場合が多い**からです。

膝の少し上あたりから、ふくらはぎまでの内側を手のひらで軽く触れるようにしながら「気」をあてます。

最後に、足首の真ん中へも「気」をあてることが重要です。

冷え性のための施術

1 まず最初に脾臓に「気」をあてる。左の指先を背中側、右の指先を体の前側にして、「気」のラインを結び、２～３分ほどあてる

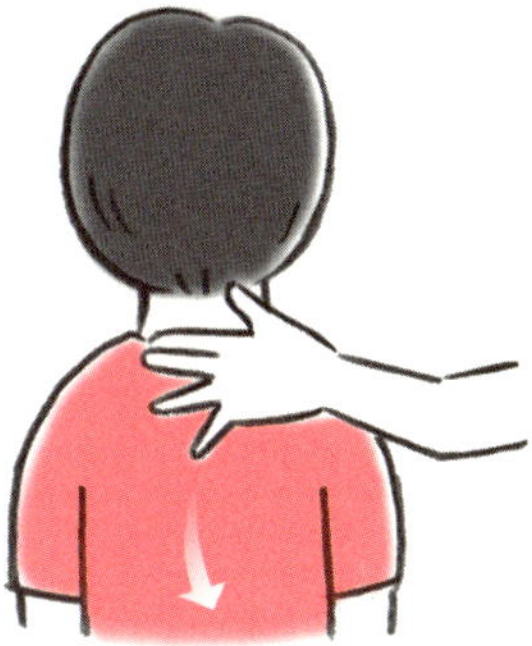

2 首と肩のラインが交わる部分に、左の手のひらで「気」をあてていく。そのまま左の手のひらを腰に移動させ、腰にも「気」をあてる

3 膝の少し上あたりから、ふくらはぎにかけての内側に手のひらで軽く触れながら「気」をあてていく。同様にしてもう片方の足も行なう

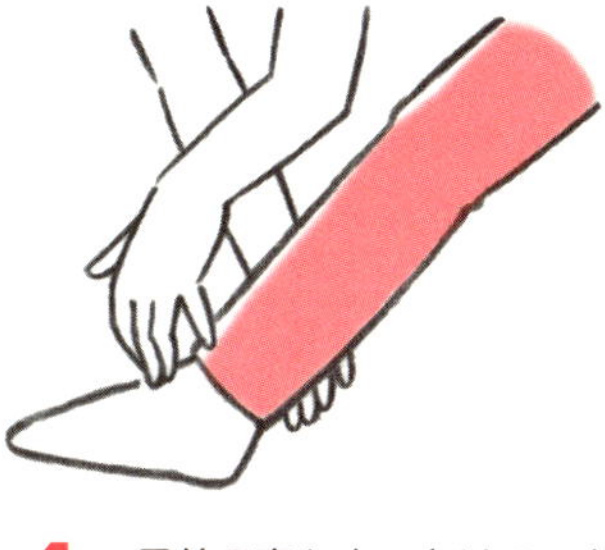

4 足首の真ん中へ向けて、左の指先が足首の上にくるよう「気」のラインを結び、「気」をあてる。もう片方の足首も同様に行なう

不眠や女性に多い便秘などストレスからくる症状を和らげる

自律神経を整えるのを「気」で手助けする

現代は、まさにストレス社会ともいわれています。さまざまなストレスを抱えている人は少なくありません。

ストレスなどが原因となって、**自律神経《じりつしんけい》が乱れてしまうと体に不調をおよぼしてきます。** その中のひとつとしてあげられるのが不眠です。

自律神経には、簡単に説明すると、心身を活発にする働きを持つ交感神経《こうかんしんけい》と、心身を休ませる働きを持つ副交感神経《ふくこうかんしんけい》のふたつの種類があります。本来ならそのふたつの働きのバランスがとれていなければなりません。

不眠で悩む人は、交感神経だけが過度に働いていて、副交感神経の働きが低下しているから、眠りたくても、なかなか眠くならないのです。

不眠に対する施術としては、**脳全体を「気」でほぐし、副交感神経がしっかり働けるよう、手助けしてあげましょう。**

手順としては、次のとおりとなります。

施術される人には、椅子に座ってもらいます。

そして、まずは脾臓《ひぞう》に「気」をあてていきます。

次に、いよいよ脳に「気」をあてることになりますが、やみくもにただ脳全

※脾臓への「気」のあて方は103ページ①で詳しく解説しています

体にあてていくのではなく、**まずは前頭葉《ぜんとうよう》、次に延髄《えんずい》、最後に脳下垂体《のうかすいたい》や松果体《しょうかたい》と順に分けて行なっていきます。**

脳の三カ所をそれぞれ「気」でほぐしていく

頭の前方にある**前頭葉の部分は、右脳と左脳のどちらも均等に**ほぐしていきます。

頭の右側（右脳）に「気」が出る方の左指先、左側に「気」を受ける方の右指先がくるように「気」のラインを結び、右脳側に「気」をあてます。次に頭の左側（左脳）に左指先がくるようにして「気」あてます。

延髄は頭の後ろ側、脊髄のすぐ上に位置

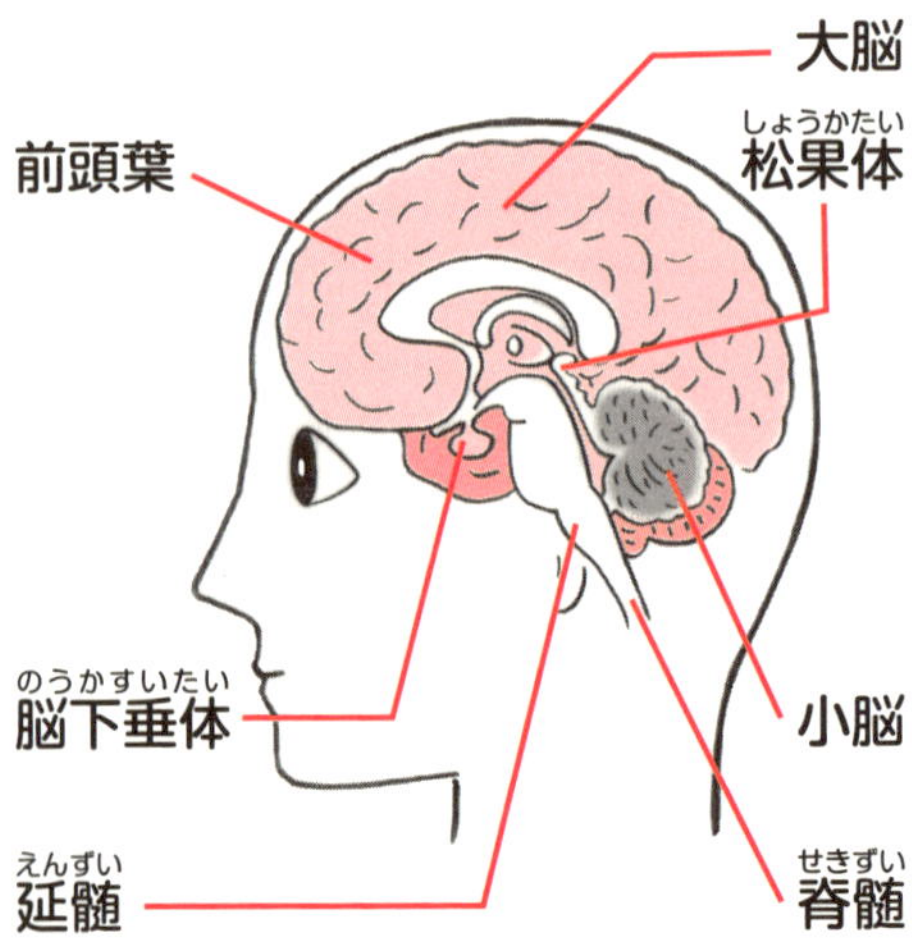

不眠のための施術

1 まず最初に脾臓に「気」をあてる。左の指先を背中側、右の指先を体の前側にして、「気」のラインを結び、2～3分ほどあてる

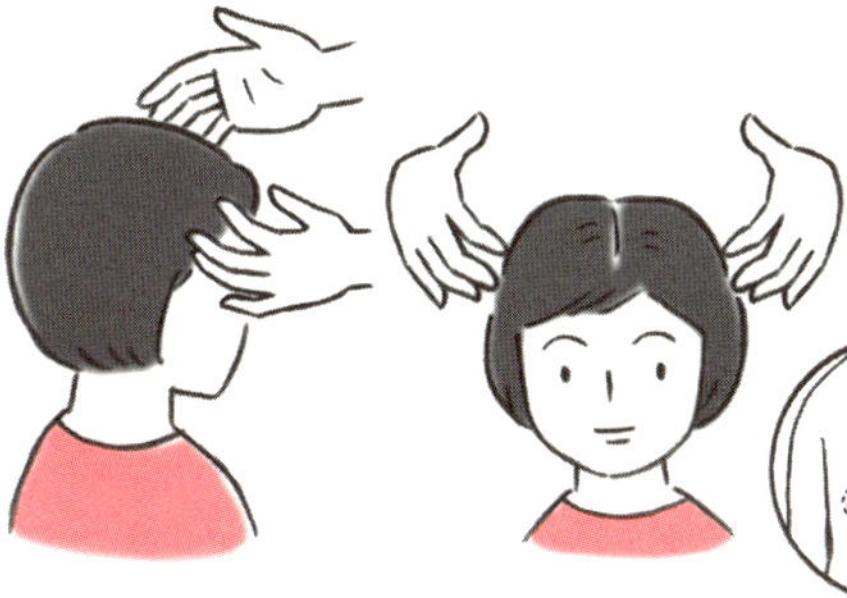

2 頭の前方に位置する前頭葉を「気」でほぐすイメージを意識しながら、「気」のラインを結び、「気」をあてる。左右どちらからも行なう

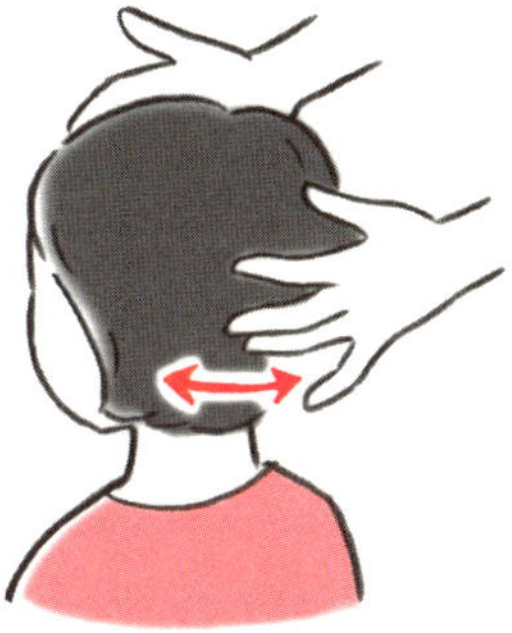

3 後頭部に位置する延髄を「気」でほぐすイメージを意識しながら「気」をあてる。後頭部に左の指先がくるようにラインを結ぶ

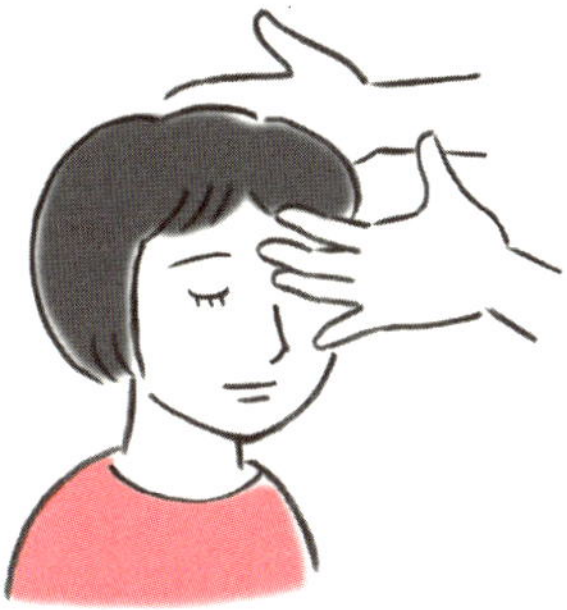

4 脳の中央に位置する脳下垂体や松果体を「気」でほぐすイメージを意識しながら「気」をあてる。眉間のあたりにラインを結ぶ

します。「気」が出る方の左指先を後頭部に、右指先を顔の前にして、「気」のラインをしっかり結び、「気」をあてていきます。

最後に、脳の中央に位置する脳下垂体や松果体をほぐします。**左指先が眉間のあたりにくるよう、**「気」のラインを結んで、「気」をあてていきましょう。

便秘は「気」で腸の働きを元の状態に

女性で頑固な便秘に悩まれている人も、意外と少なくありません。

また、ストレスなどから下痢を引き起こすこともあります。

便秘に対しても、下痢に対しても、施術にあたっては、どちらも「気」のあて方は同じです。

「気」のちからで癒すというのは、**腸の働きを元の状態に整える手助けをする**

便秘・下痢のための施術

1 まず最初に脾臓に「気」をあてる。左の指先を背中側、右の指先を体の前側にして、「気」のラインを結び、2～3分ほどあてる

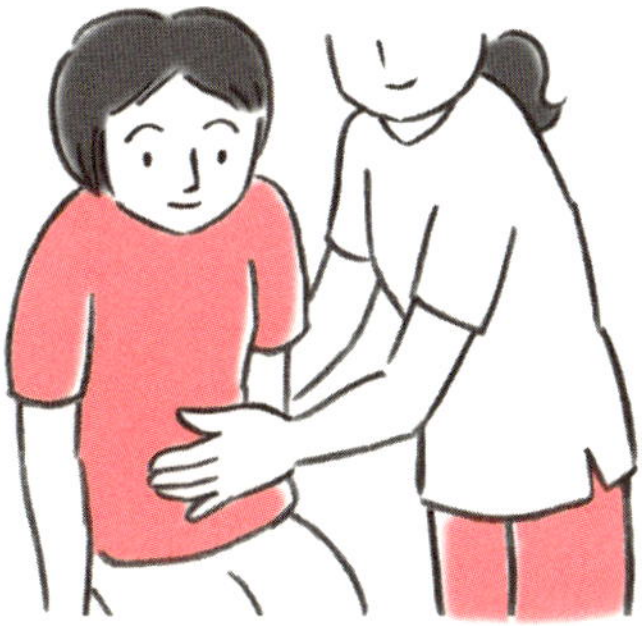

2 へその位置を聞いて、左の手のひらをへその部分に、背中側の同じ部分に右の手のひらをあて、「気」をあてていく

潰瘍性大腸炎《かいようせい》の場合

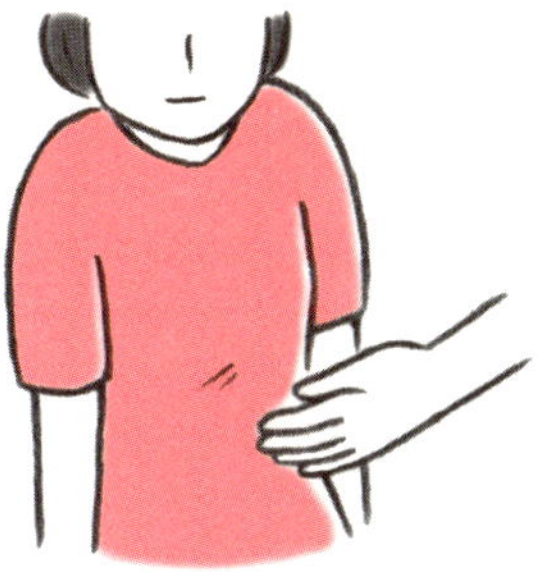

左下腹部に位置するS字結腸のあたりに左の手のひらをあてる。背中側の同じ部分に右の手のひらをあて、「気」をあてていく

自分に施術する場合

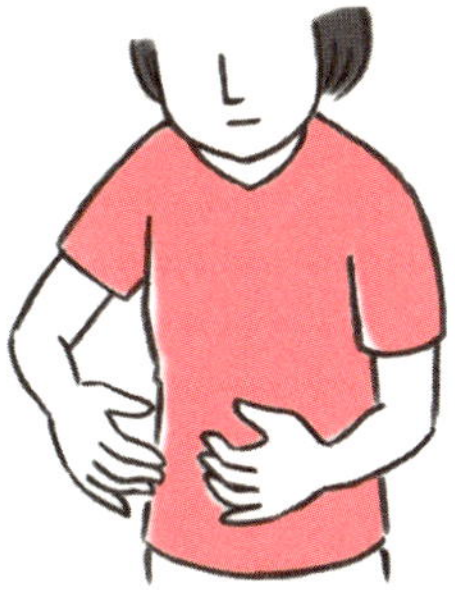

手を後ろにまわすのはストレスのかかる姿勢になるため、前側から手のひらをあてるだけでOK。背中を意識して「気」をあてる

からです。

手順としては次のとおりです。

椅子に座ってもらい、まず脾臓《ひぞう》に「気」をあてます。

へその位置を聞いて、左の手のひらをその部分にあてます。右の手のひらは、背中側にあて、「気」が後ろまで通るように意識しながら、「気」をあてていきます。

激しい下痢を起こす**潰瘍性《かいようせい》大腸炎の場合には、左下腹部に位置するS字結腸のあたりに同じように「気」をあてていく**と効果的です。
また、**自分に施術する場合**は、右の手のひらを背中側にあてることは難しいものです。姿勢にストレスがかかってしまうので、**前から手のひらをあてるだ**

育毛ヒーリング

1

左右の3本の指先を頭頂へと縦に向け、指先を小刻みに動かしていきながら「気」をあてていく。指の動きは止めないこと

2

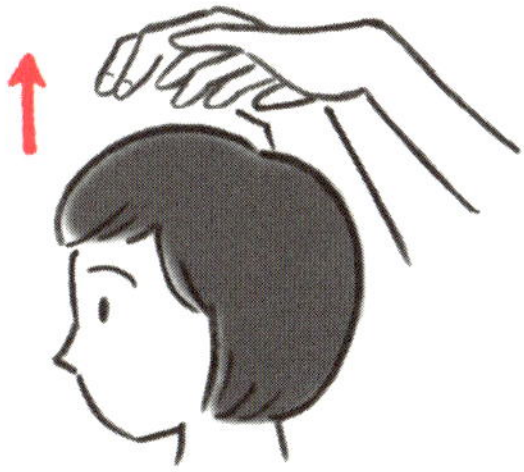

次に、下敷きで静電気を起こして髪を引っ張るようなイメージで、両手を上下させながら「気」をあてていく

けで構いません。このとき、背中側を意識しながら、「気」をあてていきましょう。

育毛では指を動かしながら

育毛ヒーリングも多い依頼のひとつです。まずは、左右の3本の指先を頭頂へと縦に向け、**小刻みに動かしながら「気」をあてていきます。**動きを止めてしまうと脳に「気」をあててしまうからです。

最後に、下敷きで静電気を起こして**髪を引っ張るようなイメージ**で両手を上下させながら頭全体に「気」をあてていきます。

ねんざ・打ち身や骨折部位に「気」をあててみよう

痛みのある部分を必ず聞いて施術する

私が「気」を使って施術をはじめるようになったのが、高校野球の選手の治療からでした。それから、高校野球だけでなく、プロ野球など、**たくさんの選手の施術を行なってきました。**

ねんざや打ち身、骨折などに対しての依頼も多かったものですから、これまでに数多くの施術を重ねてきて、ある意味、**私にとっての得意分野のひとつと**

いえるかもしれません。

スポーツを行なっているときだけに限らず、日常生活においても、ちょっとしたことで、手首や足首などをひねってねんざしたり、どこかにぶつかって打ち身を起こしたり、思わぬ転倒などで骨折したりすることはあります。

ねんざや打ち身、骨折の部位に「気」をあてて癒してあげましょう。

まずは、ねんざと打ち身についての施術のやり方から説明していきます。

ねんざや打ち身の箇所は、腫れていたり、打ち身の場合は、内出血を起こして、青あざのように皮膚の色が変わっていることで

その箇所はわかりやすかったりもします。

そして、どちらも症状としては、痛みを伴っていることが多いですから、**必ずどこが一番痛いのかを聞いておきましょう。**

強い痛みを感じている箇所から、「気」をあてていくようにするのです。

施術する側もリラックスした姿勢で行なう

施術される側も、する側もリラックスした姿勢がとれるようにしておくことが大事です。両方が椅子に座って行ないます。

「気」をあてていく側もリラックスしておかないと、指先に集中ができないからです。

足首を施術する場合には、足をゆっくりと持ち上げ、自分の膝の上にのせた

ねんざ・打ち身のための施術

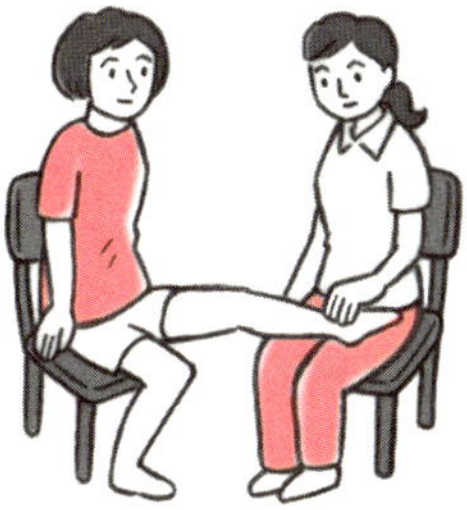

1

まずは痛みを感じている箇所を聞いておく。施術をされる側もする側も椅子に座って、必ずリラックスした姿勢をとっておく

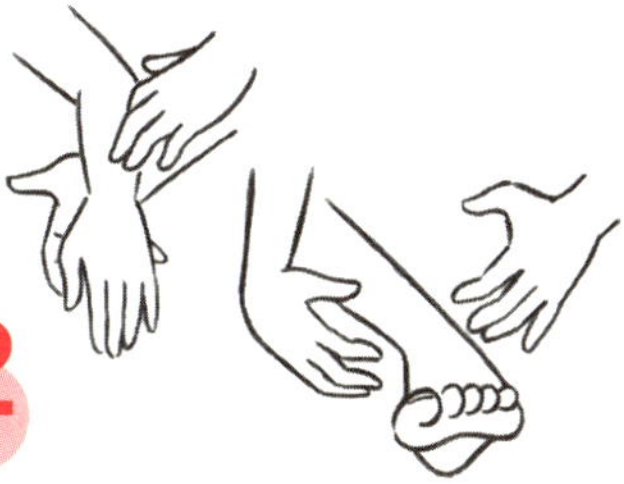

2

痛みを感じている箇所を「気」のラインではさむようにして「気」をあてる。手首の場合は右手で支えた状態にして「気」をあてる

状態で行なっていきます。

足首の痛みのあるところに、「気」が出る方となる左の3本の指先を向け、**足首をはさみ込むようなかたち**で、反対側に「気」を受ける方の右の3本の指先を持っていきます。「気」のラインをしっかりと結んだ状態で「気」をあてていきます。

手首を施術する場合には、「気」を受ける方となる右手を使い、**下から手のひら全体で手首を支えておきます。**

その状態のまま、左の3本の指先を手首の痛みのあるところに向けて、「気」をあて

骨折のための施術

1

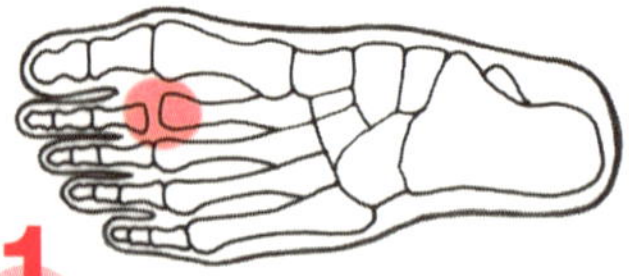

痛みを感じている箇所を聞くだけでなく、レントゲン写真などではっきりとわかっている骨折した箇所をきちんと聞いておく

2

①で聞いておいた折れたり、ひびが入った箇所の骨をくっつけていくようなイメージで、ゆっくりと「気」をあてていく

ていきます。

くっつくイメージで施術

骨折の施術のやり方も、基本は同じです。

ただ、骨折の場合は、レントゲン写真などで折れている箇所や、ひびが入っている箇所がはっきりわかっているものです。

痛みがある箇所だけでなく、それらの箇所もきちんと聞いておくようにします。

「気」をあてていくときには、**折れたり、ひびが入った箇所をくっつけていくようなイメージを意識**して行なっていきましょう。

さだじぃ。の
奇跡の気功体験
④

自身の不思議な体験から「気」のちからを実感！

坂本利通さん（64歳・元公務員）

本をきっかけに夫婦で施術へ

「気」というものには若い頃から関心はありましたが、まさかそんな超能力みたいなものが果たしてこの世に存在するものかなと思っていました。さだじぃ。先生の本を購入したのをきっかけに気の練習を開始。また、施術を受けてみたいとお願いしました。私は幼少の頃に小児麻痺を罹患《らかん》して右足に後遺症があり、年齢とともに右足股関節に強い痛みが出ていたのです。病院でさまざまな治療を受けましたが、いっこうに痛みは治まらず。家内も生まれながらに両足に股関節脱臼があり痛みに悩まされていました。

両手がグルグルまわるように

１回目の施術をふたり揃って受けたところ、なんと痛みが消えたのです。それ以来、ふたりとも痛みは出ていません。また、そのとき私の体に驚くべき反応が起こりました。家内が施術を受けはじめたのと同時に私の両手が扇風機のようにぐるぐると回転をはじめたのです。どうやら、さだじぃ。先生の強い「気」が私の体に入ったようです。その日を境に、「気」を集めるのに指先を合わせると両手が回るようになりました。「気」についてもっと知りたくて月１回の施術に通い、３回目が過ぎた頃、両手の指先から出ている「気」が見えるようになったのです。

ほかの人への施術で改善の効果が

この頃から体の不調に悩まされている人の施術をはじめるようになりました。乳がん、肺がん、脳内出血の後遺症、左手肘陥没骨折、初期の認知症、アトピー性皮膚炎などの方に施術を行ない、改善がみられています。「気」のちからは素晴らしいものと思います。私は、これからも「気」の勉強を続けてまいります。

Part
6

病気が消える⁉
軽くなる⁉
「気」の実践　中級編

高血圧や糖尿病を「気」のちからでサポートしてみよう

医学的治療と併用しながら行なっていく

この章から、中級編として、さまざまな施術を紹介していきます。

食生活の偏りや運動不足、喫煙、飲酒、過度のストレスなど、これらの**生活習慣が関与して引き起こす病気**の総称が生活習慣病といわれています。

生活習慣病といわれるものの中には、いろいろな病気があります。

その中で代表的なものが、高血圧症や糖尿病です。そのまま放置しておくと、高血圧症であれば、動脈硬化を起こして、脳卒中や心疾患などの循環器病を発症したり、糖尿病もさまざまな合併症が起きやすくなってしまいます。

私は、高血圧症や糖尿病に悩まされている人に対しても、これまで数多く、施術をしてきました。

ここでは、高血圧症と糖尿病に対して少しでも手助けをするには、どのように「気」をあてていくかを紹介します。

これらの病気は、もちろん、**医師にきちんと診てもらい、必要な治療をしてもらうとともに、これまでの生活習慣を見直すことも大切です。**その上で、これから紹介し

高血圧のための施術

1 まず最初に脾臓に「気」をあてる。左の指先を背中側、右の指先を体の前側にして、「気」のラインを結び、脾臓をほぐす

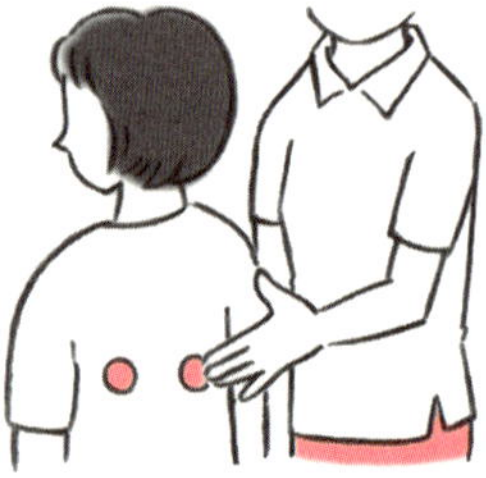

2 副腎に「気」をあてる。左右の腎臓の上に位置している。左の指先を背中側にして「気」のラインを結び、片方ずつ行なう

ていく「気」あてを行なってください。

高血圧は脾臓、副腎の順

高血圧症のための施術のやり方は、次のとおりとなります。

施術される側の人は椅子に座ってもらい、リラックスした姿勢をとってもらいます。

まずは必ず、脾臓《ひぞう》に「気」をあてることからはじめます。

左の3本の指先を背中側、右の3本の指を体の前側にして、「気」のラインで脾臓をはさむようにしたら、そのまま「気」を

あてていきます。

次に、副腎《ふくじん》に「気」をあてます。

私のこれまでの経験によって、**高血圧の人には、副腎を狙ってあげることが効果的**だからです。

副腎は、腎臓《じんぞう》の上に位置しており、そして、腎臓と同じで左右にあります。

左の指先を背中側、右の指先を体の前側にして、「気」のラインで副腎をはさむようにしながら、「気」をあてます。左右とも同様に行ないます。

「気」をあてていくと、急に血圧が低くなる現象が起こることもありますから、**ゆっくりと行なうことが大事**です。

自分でやる場合には、副腎の位置をしっかり覚えておいて、体の前から左の手のひらをあてるだけでも構いません。そのときは、背中側を意識しながら、リラックスした姿勢で行ないましょう。

糖尿病は膵臓《すいぞう》をじっくり

糖尿病のための施術でも、脾臓《ひぞう》に「気」をあてることからはじめます。

脾臓を「気」でほぐしたら、次は膵臓《すいぞう》です。胃の裏あたりに位置しています。

糖尿病に対しては、とくに膵臓に時間をかけて「気」をあてていきます。

次に肝臓、そして左右にある腎臓《じんぞう》と順に「気」あてを行ない、それぞれの臓器をほぐしていきましょう。

脾臓、膵臓、肝臓、左右の腎臓とで全部で五カ所です。私は、この順番は変えたことはありません。順番に気をつけて行なってみてください。

糖尿病のための施術

1 まず最初に脾臓に「気」をあてる。左の指先を背中側、右の指先を体の前側にして、「気」のラインを結び、脾臓をほぐす

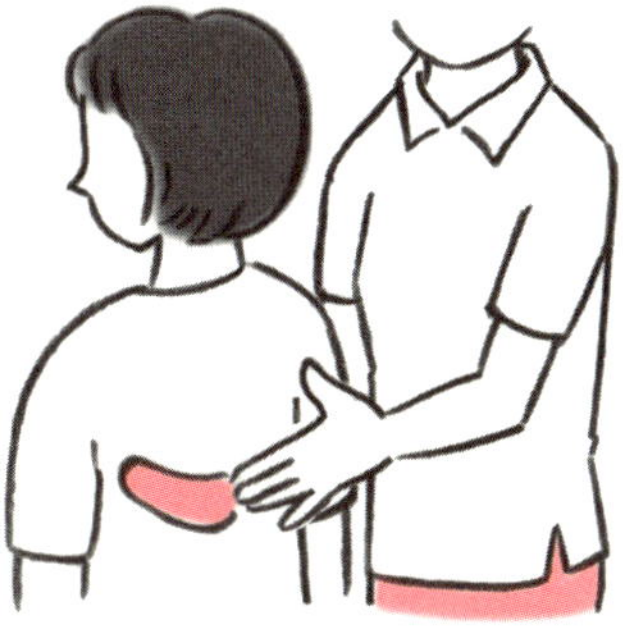

2 膵臓に「気」をあてる。左の指先を背中側、右の指先を体の前側にして、「気」のラインを結び、膵臓をほぐしていく

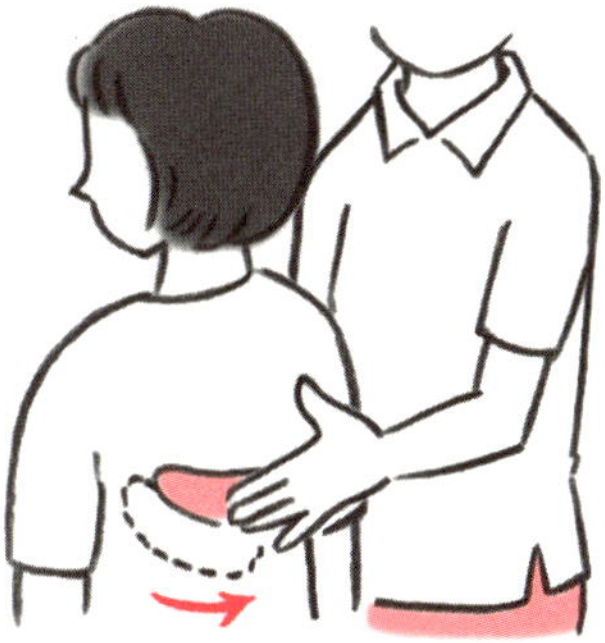

3 膵臓に「気」をあてていた左手をそのまま肝臓の方へと動かし、今度は肝臓をはさむように「気」のラインを結び、あてていく

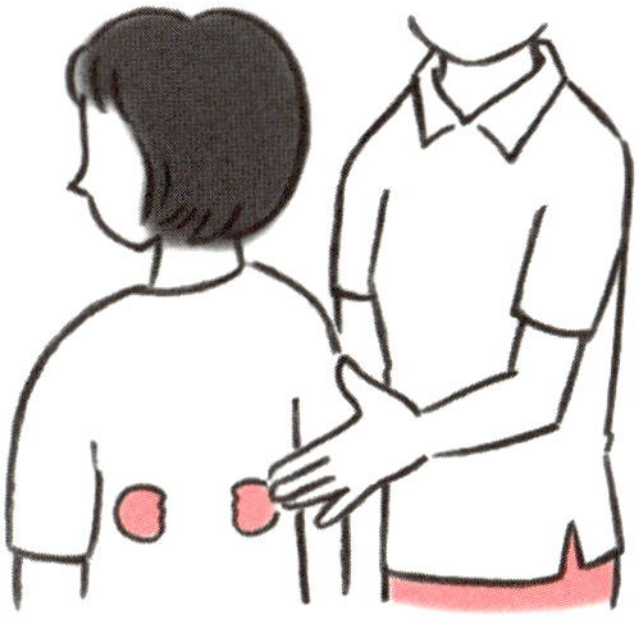

4 最後に腎臓に「気」をあてる。左右にある腎臓を片方ずつ行なう。腎臓をはさむようにして「気」のラインで結び、腎臓をほぐす

※体の部位については67ページもご参照ください

胃痛やアトピーのための施術を行なってみよう

「気」のちからで症状を和らげる手助けを

胃痛が起こりやすい、アトピー性皮膚炎でかゆみをともなう**湿疹《しっしん》が繰り返し起こっている、**これらで悩んでいる人も少なくありません。

どちらの症状も、日常生活においては気になるものです。できれば、少しでも症状を和らげることができたらと思いますよね。

私は、胃痛やアトピーで悩む人の施術も、これまでに何度も行なってきました。「気」のちからを使って、**症状の緩和を手助けする**ことはできます。

まずは、胃痛に対する施術のやり方を紹介する前に、**胃痛が起こる仕組み**を簡単に説明しておきます。

本来、胃の中では、**胃酸と胃粘液の量は一定のバランスで保たれている**といわれています。

胃酸や胃粘液は、胃液に含まれる成分の一部です。

胃酸は、食べ物を消化したり、食べ物とともに侵入した細菌を殺菌したりなどの役割を持っています。

胃粘液は、胃酸だけでなく、タンパク質を分解する消化酵素であるペプシンなどによって、胃の粘膜自体が消化されてしまわないようにと、胃の粘膜を守る役割を持っています。

そして、**胃酸が何らかの要因によって出過ぎて、**胃粘液とのバランスが崩れてしまうと、**胃粘膜が傷つけられて痛みを生じる**と考えられています。

胃の形に沿ってゆっくり「気」をあてる

胃痛を和らげるための施術のやり方は次の通りです。

施術をされる人に椅子に座ってもらい、リラックスした姿勢をとってもらいます。**まずは、背中側の脾臓《ひぞう》**に「気」をあてておきます。

次に、胃に「気」をあてます。

胃は狙いやすい位置にありますから、体の前に「気」が出る方の左手、背中

胃痛のための施術

1 まず最初に脾臓に「気」をあてる。左の指先を背中側、右の指先を体の前側にして、「気」のラインを結び、脾臓をほぐす

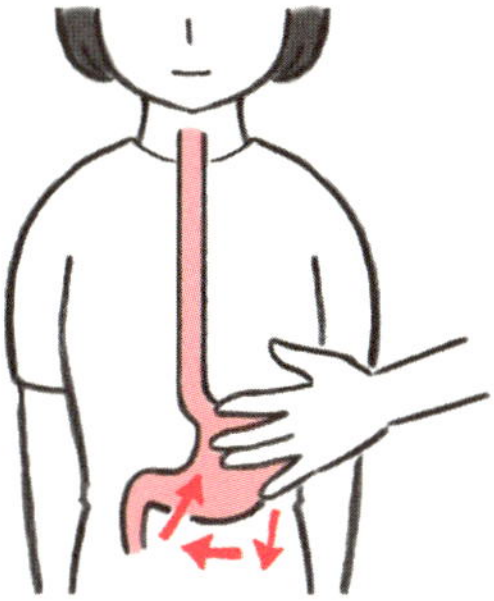

2 胃に「気」をあてる。左の指先を体の前側、右の指先を背中側にし、胃をはさむように「気」のラインを結び、胃の形に沿ってあてる

逆流性食道炎の場合

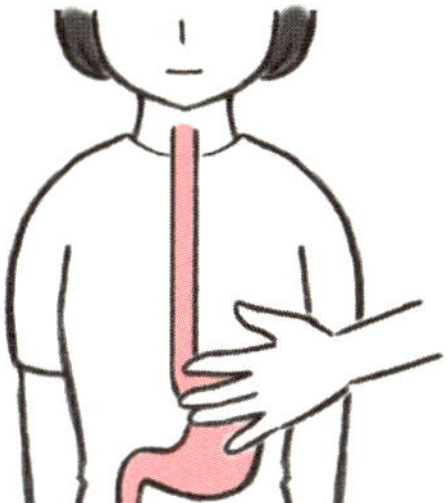

1 胃と食道がつながっているあたりに「気」をあてる。左の指先を体の前側、右の指先を背中側にして「気」でほぐしていく

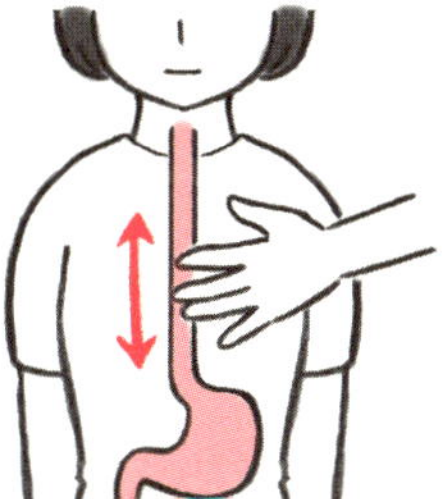

2 胃と食道がつながっているところから、そのまま食道をなぞるように「気」のラインをゆっくりと動かしてあてていく

側に「気」を受ける方の右手がくるようにして、「気」のラインで胃をはさむようにしながら、「気」をあてていきます。

このとき、胃の形に沿ってなぞるようにゆっくり動かすといいでしょう。

また、**胃に連動した**ものとして、**逆流性食道炎**《ぎゃくりゅうせいしょくどうえん》という病気があります。胃酸などの胃液や胃の内容物が食道に逆流することで食道に炎症が起こるというものです。

逆流性食道炎に対する施術としては、**胃と食道とがつながるあたりを狙って**、「気」をあてていきます。この部分がかたくなっているのをほぐしていくイメージです。

そして、**次に食道をゆっくりとなぞるよ**

アトピーのための施術

左の指先を背中側、右の指先を体の前側にして、脾臓をはさむように「気」のラインを結ぶ。脾臓をほぐすイメージであてていく

うにしながら「気」をあてていきましょう。

アトピーは脾臓《ひぞう》が効果的

アトピーに悩んでいる人に対しての施術には、**脾臓《ひぞう》に「気」をあてるだけで効果が期待できます。**

21年間、どんな薬を塗っても治らないとアトピーで苦しまれていた人に、脾臓を狙って施術を何回か行なったところ、**改善が見られた経験があります。**

ぜひ、脾臓を狙ってみてください。

不妊治療をサポートする受胎ヒーリング

卵子をできやすくするための施術を行なう

赤ちゃんが欲しいけれど、なかなかできない。不妊治療をされていても、**医師からできにくいと診断され、私のところへ施術に来られる人もいます。**訪ねて来られる人の年齢の多くが、30代後半から40代前半です。

私が施術で全国を駆けまわるようになって、7年の間に、不妊に悩まれている人の施術を行ない、**40~50人くらいの赤ちゃんが誕生しています。**

私が不妊で悩まれている人に対して施術することを、**「受胎ヒーリング」**と呼んでいます。女性側に卵子ができないことには、受胎になりませんから、卵子をできやすくするための手助けとなる施術です。

受胎ヒーリングのやり方は次のとおりです。

まずは、必ず脾臓《ひぞう》に「気」をあてて、十分に脾臓をほぐしておきます。

次に、体の左右にある**副腎《ふくじん》を片方ずつ順に「気」をあてます。**このとき、なるべく皮膚から近い位置に手を持ってきて、あてるといいでしょう。

ここまでは、施術される側の人は椅子に座った状態ですが、次に椅子から立ってもらいます。

そして、今度はおへその下に位置する**子宮に手のひらで「気」をあてます。**

子宮の次は、左右にある卵巣を片方ずつ順に行ないます。**卵巣に「気」をあ**

受胎ヒーリング

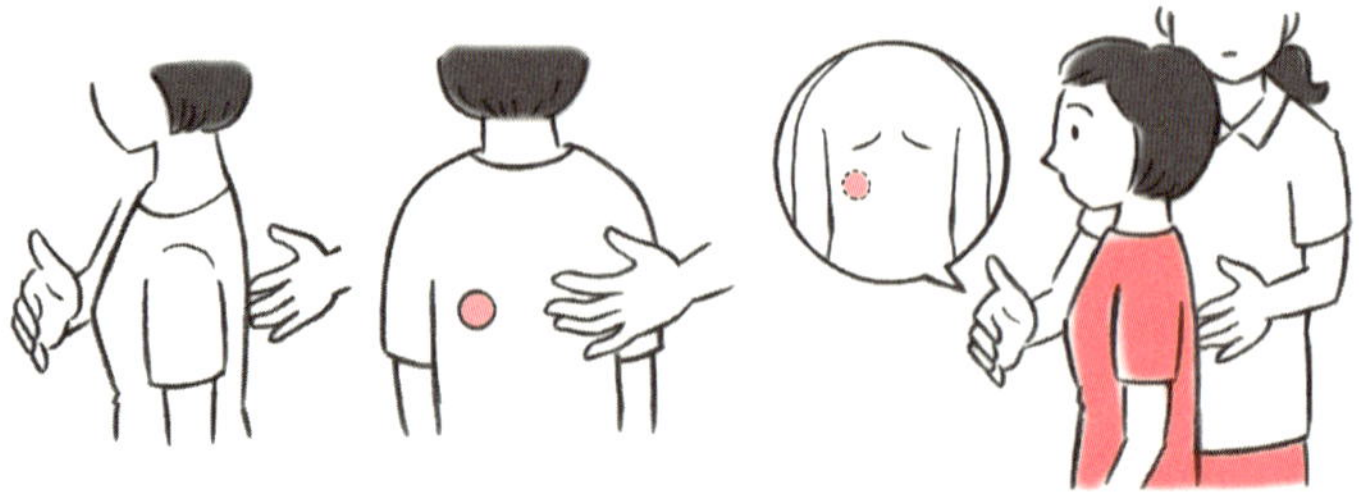

1 まず最初に脾臓に「気」をあてる。左の指先を背中側、右の指先を体の前側にして、「気」のラインを結び、脾臓をほぐす

2 左右にある副腎を片方ずつ順に「気」をあてる。左の指先を背中側にして「気」のラインを結び、なるべく皮膚の近くであてていく

てるときには、手を小刻みにゆらすようにしてください。

夫婦で行なうと効果的

卵巣をほぐしたら、卵巣の上にある**卵管にもアーチを描くようにゆっくりと**「気」をあてていきます。

最後は、大きく広げた手のひらで、**子宮や卵巣のあたりに入念に「気」をあてます。**

これらの手順をご主人が覚えて、奥様に行なってあげるとより効果的かと思います。

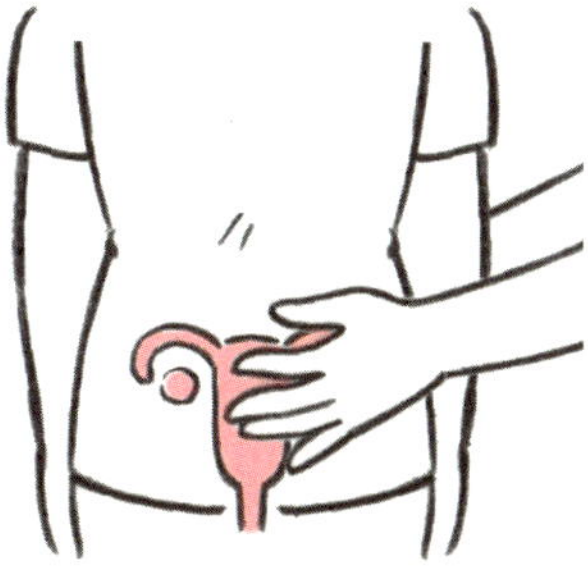

3 次に立ってもらい、子宮に「気」をあてる。おへその下に位置する子宮に左の手のひら、背中側に右の手のひらがくるようにあてる

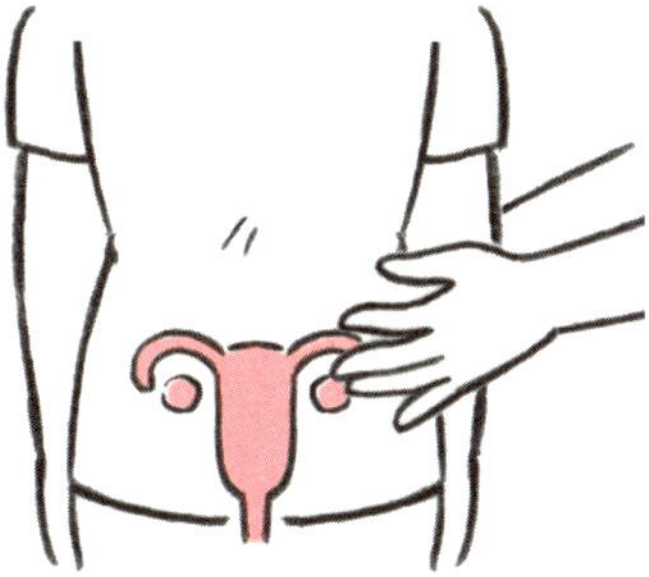

4 左右にある卵巣を片方ずつ順に「気」をあてる。卵巣にあてるときには、手を小刻みにゆらしながら「気」をあてるようにする

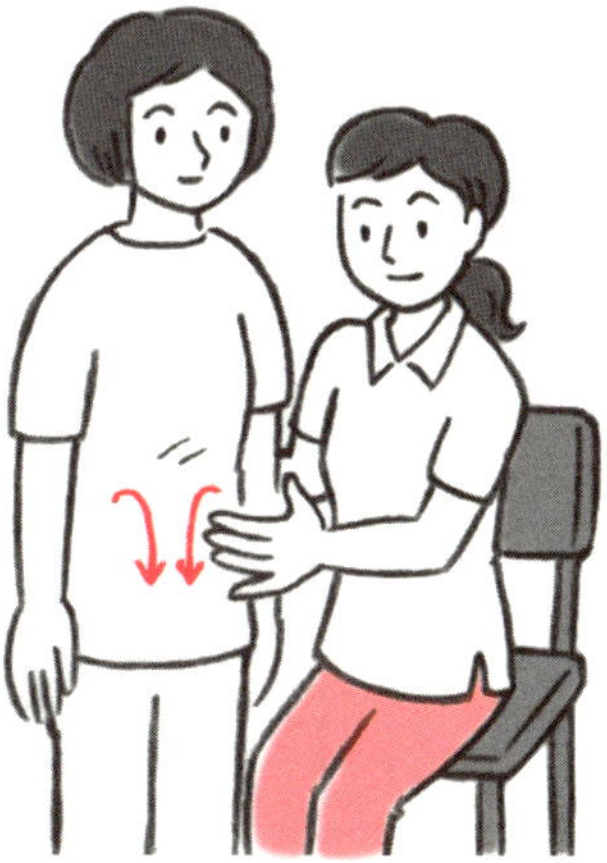

5 そのまま卵巣の上に位置する卵管も「気」でほぐす。アーチを描くようにゆっくりと動かす。もう一方の卵巣も同様に行なう

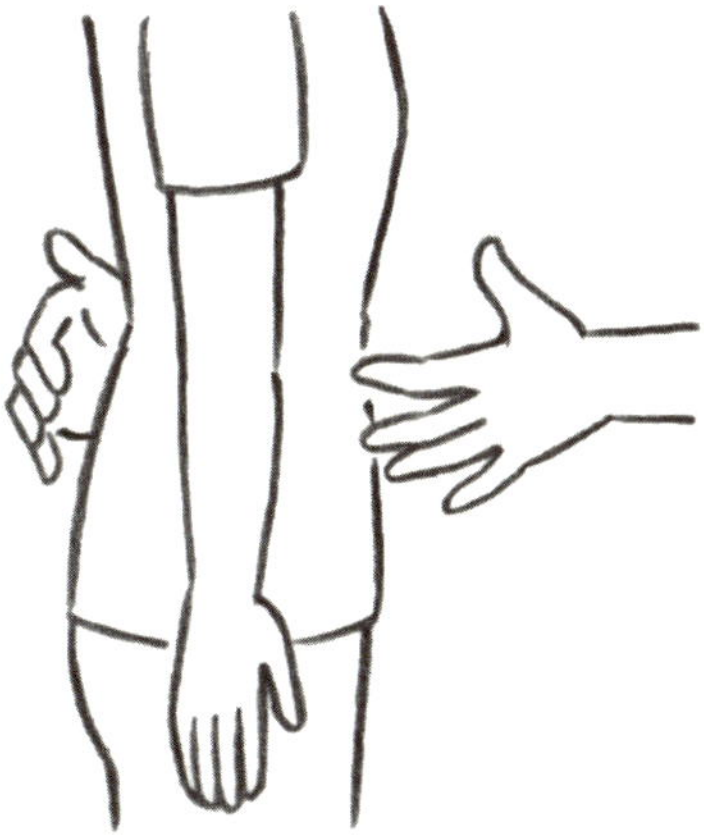

6 最後は大きく広げた左右の手のひらで子宮や卵巣を包み込むような感じで「気」のラインを結び、入念に「気」をあてる

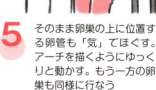

うつや認知症を和らげる「気」あての方法を学んでみよう

脳に関わる問題を「気」で手助けする

脳は、人間の体の中でもとても重要な役割をしているものです。

例えば、ものを考えたり、覚えたりなどの精神的な活動、運動や呼吸など身体的な活動は、脳がコントロールしています。いってみれば**脳は司令塔のような働きをしている**のです。

脳になんらかのトラブルが起こってしまうと、司令塔としての働きがうまくいかなくなってしまいます。

そんな、脳の機能障害に関わるものとして、**うつ病**や**認知症**があります。どちらも、本人だけでなく、まわりの家族にとっても、つらい問題です。

「気」のちからで、少しでも症状を和らげてあげられたらと願い、私のところへ施術に来られる人も少なくありません。

そして、**施術によって改善の兆しが見られた人は、数多くいます。**

もし、ご自身やあるいは身近な人が、うつ状態であったり、認知症などで悩まれて

うつのための施術

1

扁桃体に「気」をあてる。狙う位置はこめかみのあたり。こめかみをはさむようにして、まずは左側に左指先がくるようにしてあてる

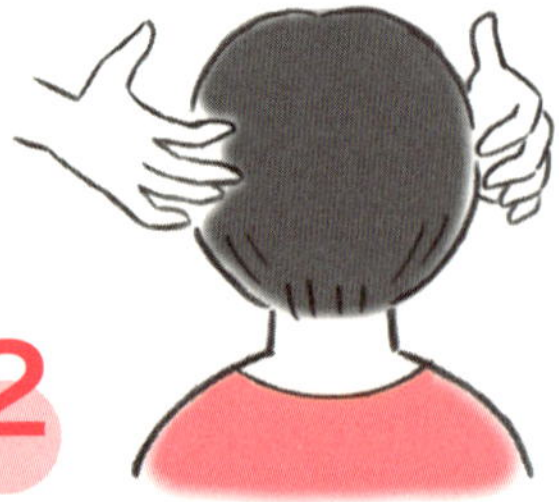

2

今度はこめかみの右側に左指先がくるように「気」のラインを結び、左側と同様に扁桃体をほぐすイメージで「気」をあてるへ

いたら、これから紹介するやり方を覚えて挑戦してみてください。

うつには扁桃体《へんとうたい》を狙う

気分が一日中沈んでいて、その状態が長く続いているというのが、**うつ病**の代表的な症状といわれています。

そんなうつの状態を癒すためのやり方は、次のとおりです。

脳の中にある扁桃体《へんとうたい》という部分に「気」をあてていきます。位置としては、**こめかみ**

のあたりを狙います。

扁桃体は、**感情を司る役割を持つといわれています**から、この箇所を「気」でほぐしてあげるのです。

こめかみのあたりで、「気」のラインをしっかり結ぶようにして、施術していきます。

さまざまな症状の認知症

次に、**認知症**に対してのやり方を紹介します。

認知症の症状にも、実にいろいろあります。代表的なものとしては、**記憶障害、理解力や判断力の低下、**時間や場所、名前などがわからなくなる**見当識障《けんとうしきしょう》害《がい》**などがあげられます。認知症が進行するにつれ、これらの症状がよりひどく

認知症のための施術

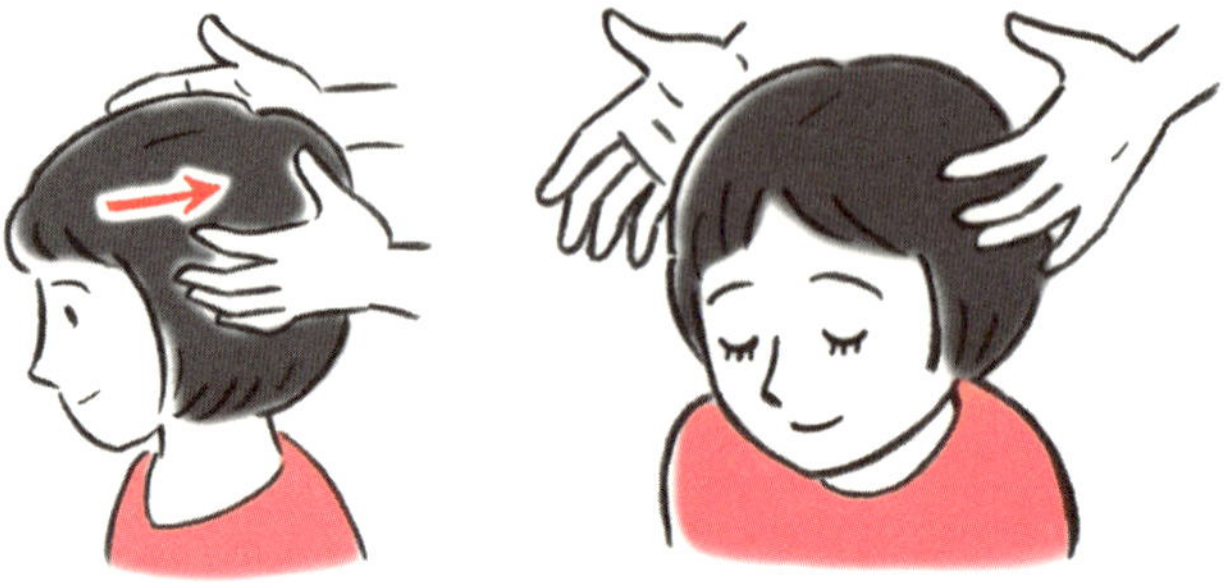

前頭葉の左脳に「気」をあてる。左の指先を左脳側、右の指先が右脳側に来るように「気」のラインを結び、強くあてることを意識する

なり、日常生活に支障が出てしまいます。

左脳に「気」あてを行なう

それらの認知症の症状を少しでも和らげるためには、**左脳の前頭葉《ぜんとうよう》を狙って「気」をあてていきます。**

左脳の役割として、言語や時間の概念、計算などの論理的な思考を司る働きをしているといわれています。

認知症のための施術では、**左脳にしっかり強く「気」をあてていく**ことを意識しながら行なっていきましょう。

さだじぃ。の
奇跡の気功体験
番外編

「気」のちからには人を変えるちからもある！

やんちゃだったやまもっちゃん

現在、私の弟子のひとりとして活躍している、やまもっちゃん。出会った頃はやんちゃで、口のききかたも知らない兄ちゃんという感じでした。そんなかつての彼を知るまわりの人は、びっくりするくらい彼が変わったといいます。きっと「気」のちからが彼を変えたのではないでしょうか。

やまもっちゃんとの出会いは、いまから10年ほど前の延岡《のべおか》の施術会場です。建設現場での仕事中、7メートルの高さから転落した彼は、顔面の神経を痛め、右目が閉じない状態で施術に訪れたのでした。

出会って半年後に「気」が見えた

半年ほど、月に1回の施術を行ない、彼の右目が少しずつ閉じられるようになった頃です。私がほかの方の施術を行なっているのを少し離れた位置から見ていた彼が、「それ何？」と突然叫びました。私の手からキラキラしたものがいっぱい舞っているのが見えたようです。私は彼に「お前も『気』が見えるようになったんね」と応えたのを覚えています。教えるとすぐに「気」を扱えるようになってくれたので施術の人数が多いときに手伝いをさせました。

彼の見事なまでの成長に感無量

熊本地震後のボランティア施術にも彼を連れていき、一気に能力を開花してくれました。その後、右側の肺の一部を手術で取り、呼吸が浅くいつも息切れしていた方の施術を彼に頼んだところ、10回の施術で癒しの兆しが見られるようになったのです。見事なちからにまで成長してくれたと思います。「人の役に立ちたい。笑顔を見たい」という、やまもっちゃん。彼は素晴らしい華を咲かせようとしています。

Part 7

重い病の手助けになる「気」の実践　上級編

三大疾病でもっともやっかいながんの手助けとなる「気」あて

がん細胞が「気」あてで小さくなった⁉

ここからは上級編として、重い病に対しての施術を紹介していきます。

日本人の死因の上位を占めている病気が、**「がん」「心疾患」「脳血管疾患」です。これらは三大疾病といわれています。**

どの病気もやっかいなものではあります。その中でもとくに、がんは基本的にすべての臓器や組織に発生する可能性があるといわれているため、もっともやっかいなものではないでしょうか。

私のところへ施術にこられる人の中には、がんと闘われている人も数多くいます。抗がん剤などのがん治療をされている人、医師から、手の施しようがないといわれてしまった人など、その状況はさまざまです。

いずれにしても、「気」のちからが少しでも手助けになればと思い、施術を行なっています。

施術を続けていくうちに、**がんの進行が止まったり、がん細胞が小さくなったり**など、そんな不思議なケースは**これまでに何度もあったのです。**

そんなことが起こるはずはないと**医師に驚かれたという人も**いました。でも、

がんのための施術

1 まず最初に脾臓に「気」をあてる。左の指先を背中側、右の指先を体の前側にして、「気」のラインを結び、脾臓をほぐす

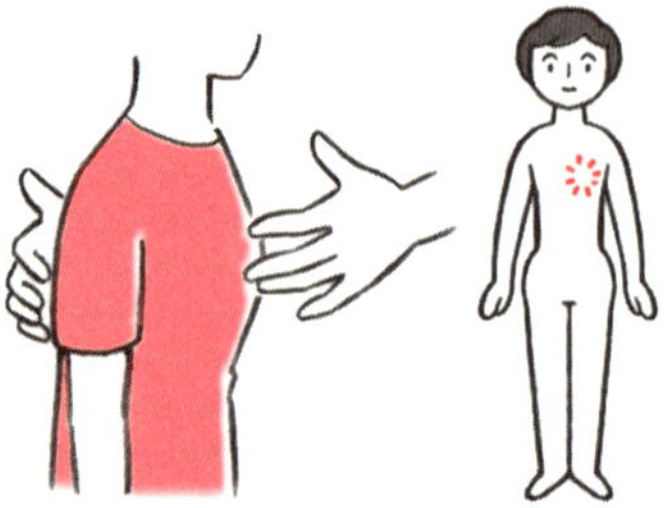

2 がんのある箇所を細かく聞いておき、その箇所に入念に「気」をあてる。例えば乳がんならば、胸側に左の指先がくるように行なう

現実に起こったことなのです。

これから紹介する、がんに対しての施術のやり方を覚えておいてください。

がんで悩まれている人の手助けになってくれることと思います。

まずは脾臓《ひぞう》、次にがんへ

がんのための施術は、**がんが体のどこにできているかをよく聞いておきます。**

その箇所に「気」をあてていきますが、

その前に、**まず最初に必ず脾臓《ひぞう》を「気」で**

ほぐしてあげます。

進行しているがんでは、がん細胞が転移していることも考えられます。

まず、リンパに転移してしまっているケースは多いようです。

脾臓は、リンパと深い関わりを持つ臓器といわれていますから、そのためにも「気」でほぐしておく必要があるのです。

脾臓に「気」をあててから、**次に具体的に聞いておいた、がんの箇所を狙います。**

乳がんならば、体の前側に「気」が出る方の左の指先、背中側に「気」を受ける方の右の指先とで「気」のラインを結びます。

そして、がんができている箇所に向けて、

入念に「気」をあてていきます。

指先が引っ張られる感覚を掴んでおく

がん細胞に「気」があたると、左の指先が引っ張られるような感覚がします。釣りで魚が針に引っかかったときに、最初はちょこんちょこんと軽く浮き沈みをはじめて、そのうちグッと引っ張られるような感じと同じです。

最初は感覚を掴むのが難しいかもしれませんが、施術を重ねてくると次第にわかってくると思います。

左の指先に引っ張られるような感覚がきたら、その場所を逃さないよう、手はその位置のままで、「気」あてを行なってください。

肺がんのための施術も基本は同じです。肺には葉と呼ばれている部分が右側

肺がんのための施術

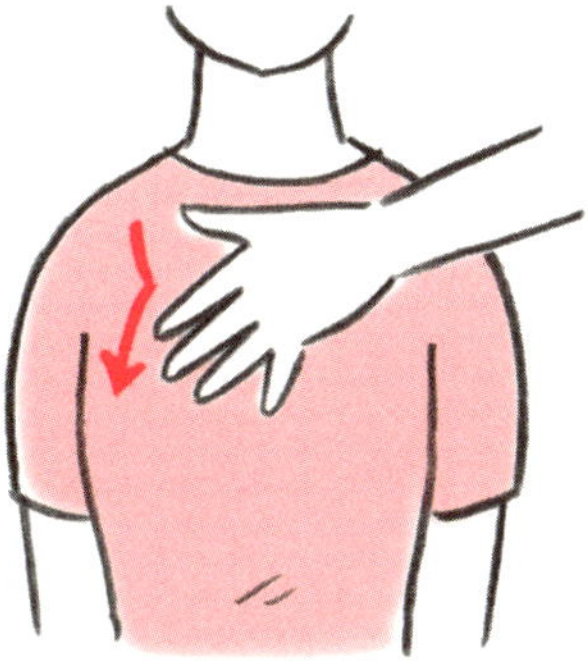

1 最初に脾臓に「気」をあててほぐしておく。次に左の指先を体の前側、右の指先を背中側にして、肺を上から「気」をあてていく

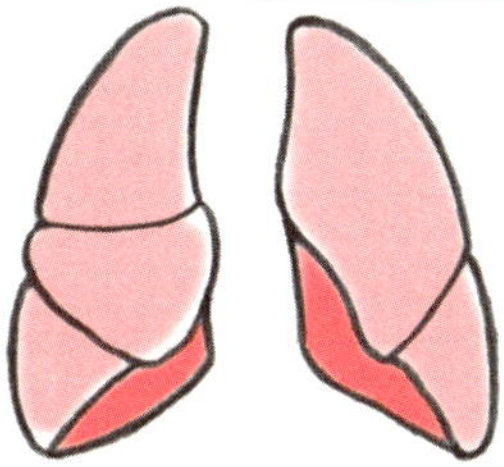

肺の構造を簡単に説明すると、右側が上葉、中葉、下葉と三つあり、左側が上葉、下葉のふたつと左右非対称な臓器となっている

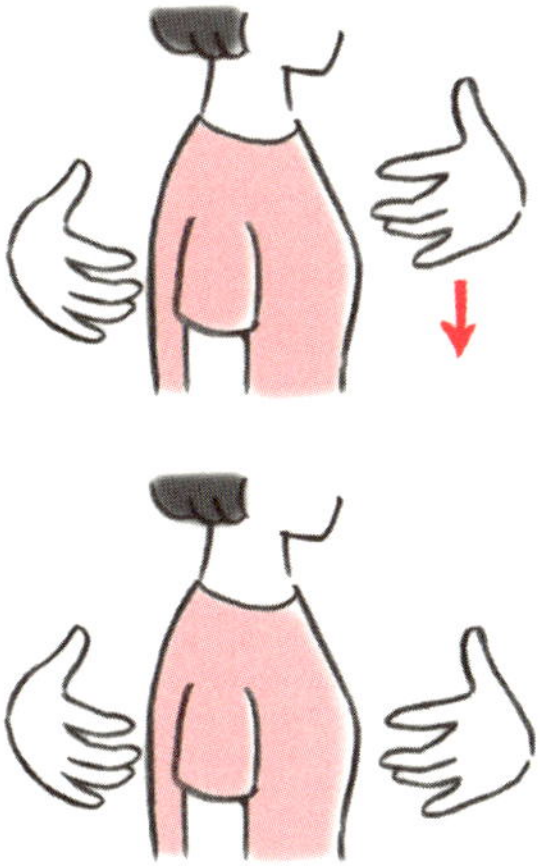

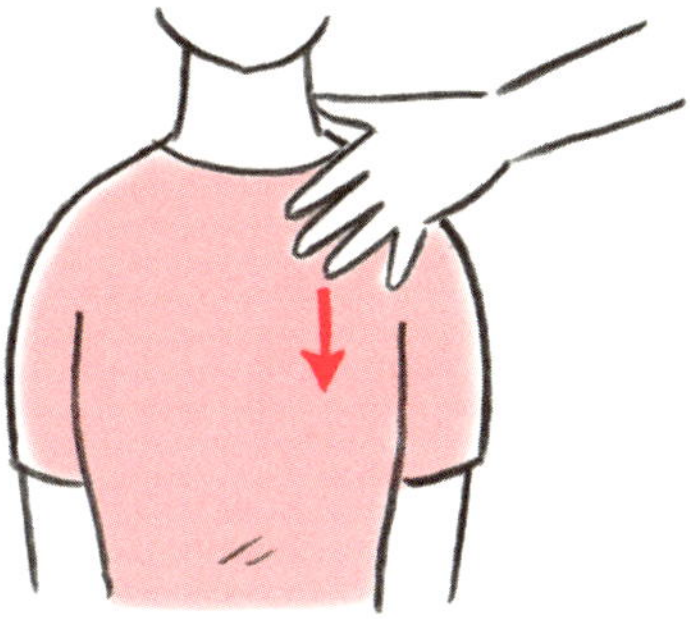

3 片側の肺に細かく「気」をあて終わったら、もう片側の肺も同様にして、上からゆっくり細かく「気」をあてていく

2 肺をはさみ込むようにして「気」のラインをしっかり結ぶ。ゆっくりとラインを動かして、上から細かくあてていく

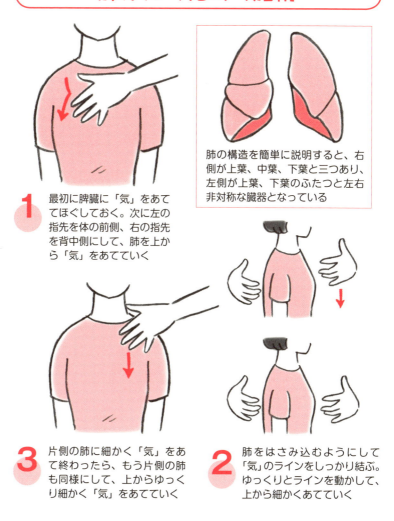

肝臓へは両側からあてる

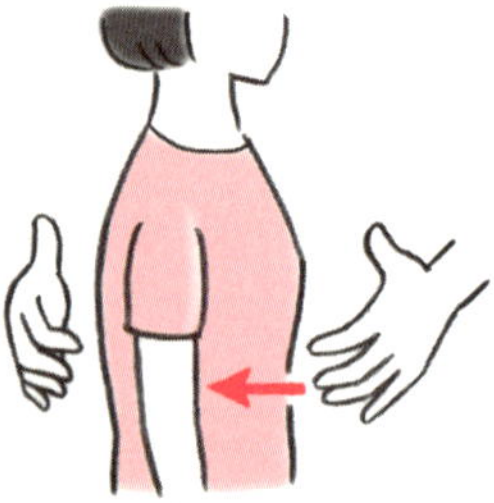

1

最初に脾臓に「気」をあててほぐしておく。次に肝臓に「気」をあてる場合は、まずは左の指先を体の前側にして、前から施術する

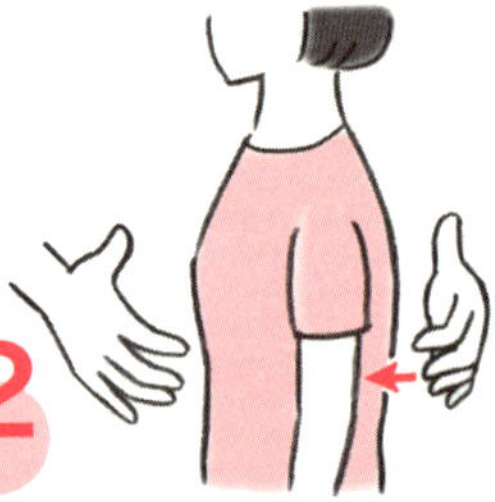

2

前から施術をしたら、今度は背中側からも肝臓に「気」をあてる。左の指先を背中側にくるように「気」のラインを結んで施術を行なう

に三つ、左側にふたつあります。

肺全体にがん細胞が散らばっていることもあるため、前ページで紹介しているように全体に細かく「気」をあてていきます。

肝臓には前後両方から

がんができている部位によって「気」をあてるのが、**体の前からなのか、後ろからなのか、違いがあります。**

ただし、**肝臓に関しては、前と後ろと順に「気」をあてていく**ようにしてください。

がんの部位によって異なるあて方

部　　位	前から	後ろから
甲状腺	○	×
食道	○	×
肺	○	×
肝臓	○	○
胃	○	×
副《ふく》腎《じん》	×	○
脾《ひ》臓《ぞう》	×	○
十二指腸	○	×
小腸	○	×
大腸	○	×
生殖器	○	×
肛門	×	○

※体の部位については 65、67 ページもご参照ください

高齢者の大敵となる肺炎を「気」で和らげてみよう

呼吸器系の病気は重篤《じゅうとく》な症状になる可能性も

肺炎は、三大疾病（がん・心疾患・脳血管疾患）とあわせて、**高齢者にとっては命に関わる病気**として知られています。

年齢が高くなるにつれ、とくに80歳以上では、脳血管疾患よりも肺炎で亡くなる人の割合が増えているといわれています。

もちろん、高齢者だけでなく、肺炎そのものは**子どもや若い世代などにおい**

ても、年齢に関わらず**発症する可能性がある病気**です。

肺炎以外にも、呼吸器系の病気の代表的なものに、ぜんそくがあります。私は、**ぜんそくの症状を和らげたいという施術の依頼もよく受けます。**

ぜんそくもまた、子どもだけでなく、大人でも発症する病気です。年齢が高くなるにつれて症状が重くなったり、場合によっては、命にも関わる激しい発作が起こることもあるので油断はできません。

肺炎も、ぜんそくも、咳などの症状は苦しいものです。もちろん、ほかの病気と同様に、病院での治療は欠かせません。

その上で、少しでも状態を和らげるため

には、どのように「気」あてをしていけばいいのか。これから紹介するやり方を参考にして行なってみてください。

気道から肺へと「気」をあてていく

肺炎やぜんそくのための施術の手順は次のとおりです。

まずは、脾臓《ひぞう》に「気」をあてて、脾臓をほぐしておきます。

次に、咳などの症状には、**のど近辺の気道を狙って**「気」をあてていきます。左の指先をのどの前側、右の指先が首の後ろ側にくるように「気」のラインを結び、のどの上から下までをほぐすイメージで、ゆっくり移動させます。

そして、**肺の入り口の部分をほぐすように**「気」をあてます。肺は左右に位置するので、片方ずつ順に行ないます。ぜんそくに対してはここまでです。

肺炎には、最後に肺をまんべんなくほぐすように「気」をあててください。

肺炎・ぜんそくのための施術

1 まず最初に脾臓に「気」をあてる。左の指先を背中側、右の指先を体の前側にして、「気」のラインを結び、脾臓をほぐす

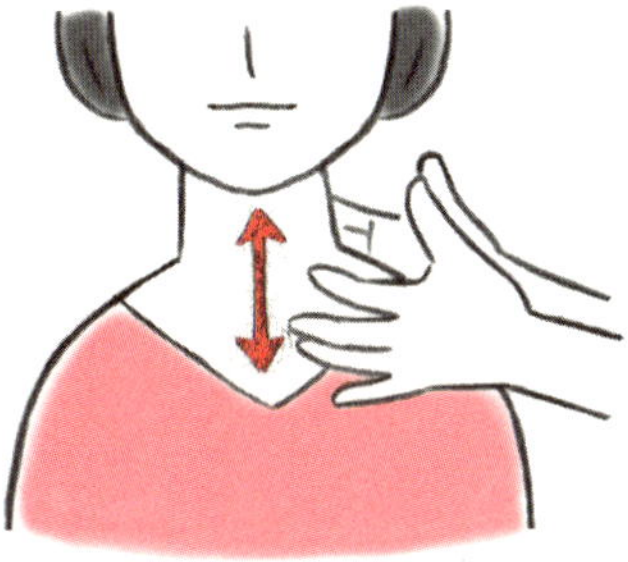

2 のど近辺の気道に「気」をあてる。左の指先をのどの前側にくるよう「気」のラインを結び、のどの上から下までをほぐす

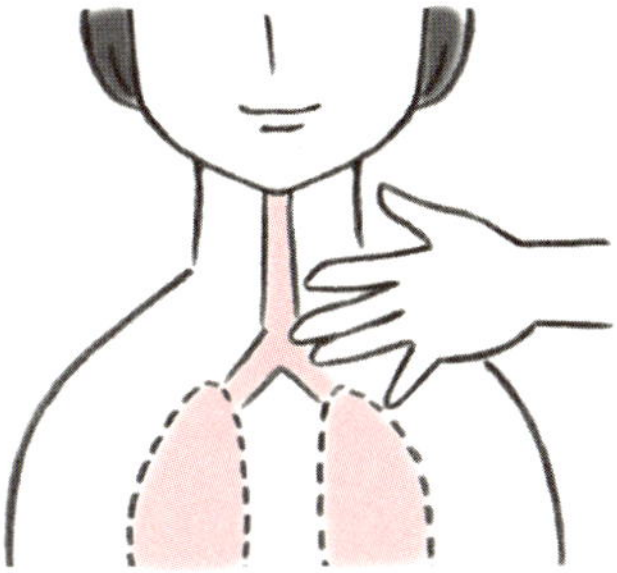

3 のどの下までほぐしたら、左右にある肺の入り口のあたりを片方ずつ順に「気」をあてていく。ぜんそくにはここまでの施術を行なう

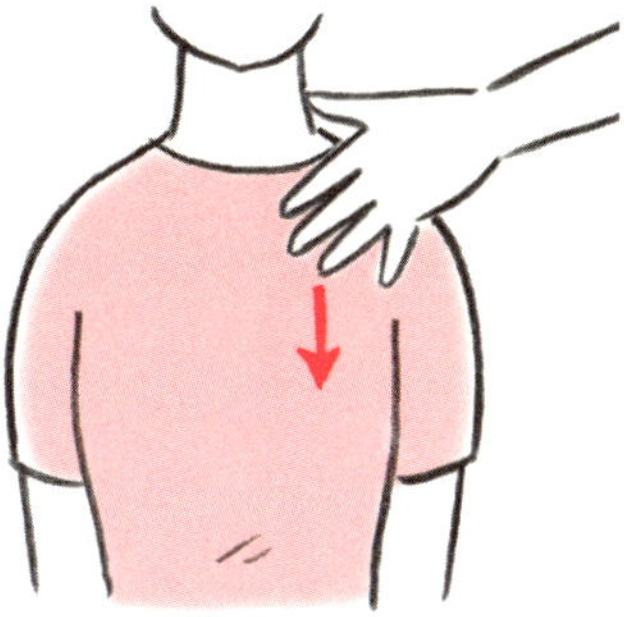

4 肺炎には③までの施術を行なったあと、肺に「気」をあてる。左右の肺をまんべんなくほぐすように意識しながら「気」をあてていく

麻痺を引き起こす脳疾患をサポートできる「気」のあて方

脳腫瘍《のうしゅよう》や脳動脈瘤《のうどうみゃくりゅう》は位置を把握しておく

脳疾患といわれるものの中には、さまざまな病気があります。三大疾病に含まれる脳血管疾患の**脳卒中**だけでなく、**脳腫瘍《のうしゅよう》**、**脳動脈瘤《のうどうみゃくりゅう》**などがあげられます。

私たちにとって、脳はとても重要な役割をしていることは132ページでも述べている通りです。

何らかの脳疾患を発症すると、命に関わることはもちろん、命が助かったとしても、**体の一部などに麻痺を引き起こしてしまう**可能性もあります。

私は、脳腫瘍や脳動脈瘤を抱えている人に対しても施術を行なっています。施術を続けていくうちに、**腫瘍や動脈瘤が最初に比べて小さくなってきたケースを何度も経験しています。**

脳腫瘍や脳動脈瘤についての施術のやり方を紹介します。

まずは、どこにできているのか、その位置を聞いて把握しておきましょう。可能であれば、ＭＲＩなど画像データを見せてもらうと、よりわかりやすいかと思います。

腫瘍や動脈瘤のある位置が把握できたら、その箇所を狙って「気」をあてて

いくだけです。「気」のラインをしっかりと結び、施術を行ないます。

手の麻痺には「神様のツボ」を活用する

手に麻痺がある場合は、右手で麻痺している手の「神様のツボ」を押します。**右手で「神様のツボ」に刺激を与えながら、左手は肩にのせ、「気」をあてます。**麻痺している手に「気」が流れていくように意識するといいでしょう。

次に、右手と左手はそのままの状態で、**麻痺している手をまわします。**最初は**ゆっくりと少しずつ**動かしていってください。

※「神様のツボ」は73ページでも詳しく解説しています

脳疾患のための施術

脳腫瘍《のうしゅよう》・脳動脈瘤《のうどうみゃくりゅう》の場合

1

脳の中のどの位置に腫瘍あるいは動脈瘤があるかを聞いておく。画像データがあれば見せてもらい、その位置をしっかり把握しておく

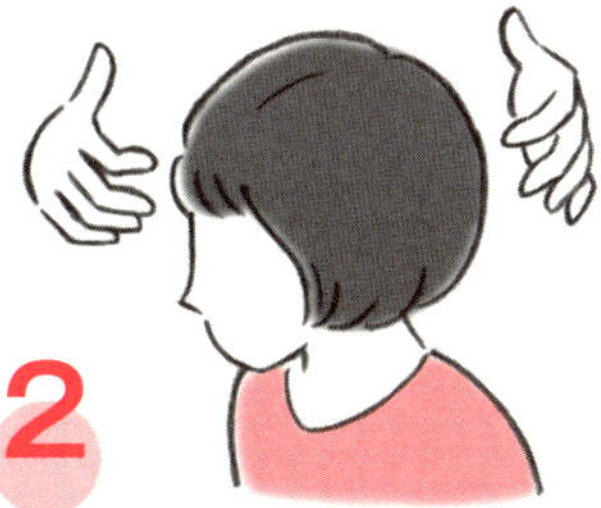

2

腫瘍あるいは動脈瘤がある位置を狙って「気」のラインを結び、施術していく。左の指先が引っ張られる感覚があるかもよく意識して

手の麻痺の場合

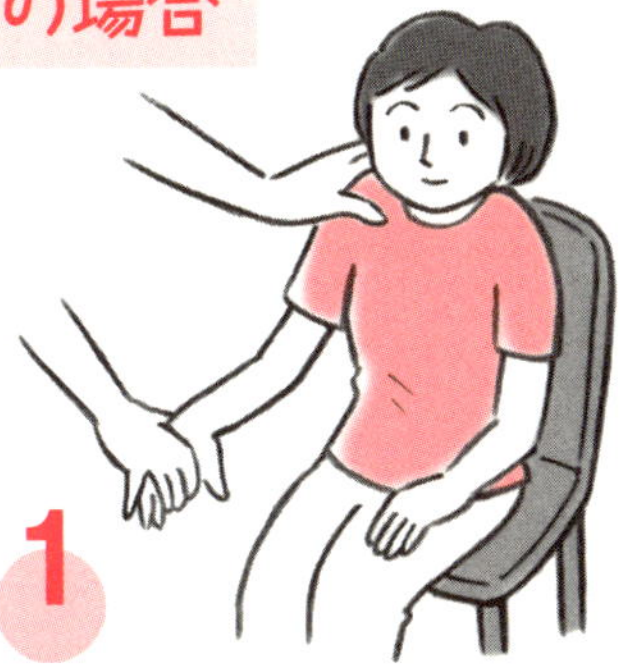

1

麻痺している手の「神様のツボ」を右手で押しながら、左手は肩にのせる。その状態で麻痺している手に「気」が流れるイメージを意識

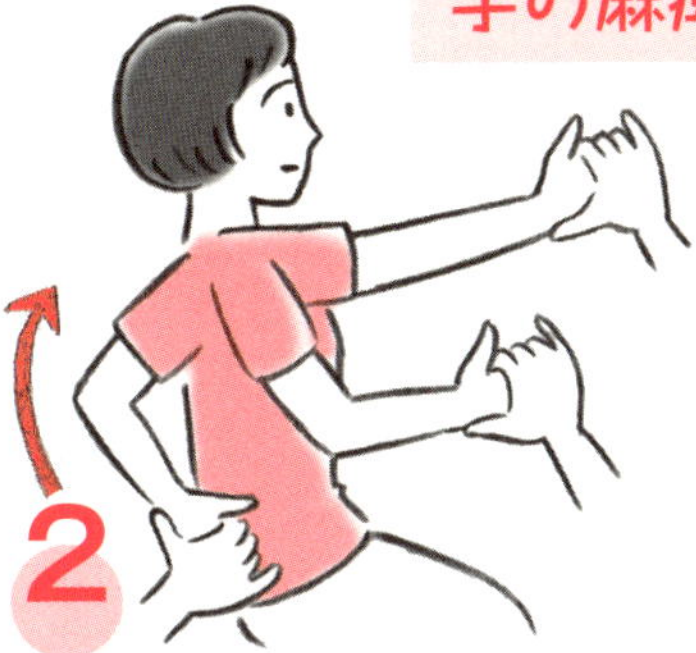

2

「神様のツボ」を押し、肩に手をあてた状態で、麻痺している手をまわす。いきなり激しくではなく、少しずつ動かしていく

おわりに——

数日前に、東京でセミナーと「気の道場」を行ないました。

セミナーも最近はみなさんが参加できる方式を取り入れて、「気」を使ってみんなでよく遊んでいます。遊んでいるうちに室内に「気」がよく回るからなのでしょうか、室内の温度を下げても、体が熱くなってきたからと上着を脱いでしまう人が多く出てきます。

その「気の道場」において一番感じたのが、何回か参加している方たちの「気」のパワーが驚くほど成長していたことです。

これはすごいな、みんな「気」のスペシャリストになりつつあるなと。それだけ、「気」の存在を感じ取ることができ、「気」のちからを使える人が増えてきたというのは、とても嬉しい限りです。

私はいつも、「気」のちからを覚えたら、最初は家族でも、とにかく誰でもいいから、まずはひとりめを癒してごらんといっています。

誰かひとりを癒してあげることができたら、それがより自信につながるだけでなく、また次の人が自分のところへやってくる現象が起こります。

私の場合も、ひとりめを癒したことから、次から次へと人がやってきました。

そのときに忘れないようにして欲しいのが、謙虚な気持ちです。

「さだじぃ。さんのおかげで、体の調子がよくなりました」とお礼のメールをたくさんいただきます。でも、私のおかげではないのです。

たまたま、その方の体が上手く反応して、調子がよくなったという状況が生まれただけで、私の手柄ではありません。お医者さまの治療もあってこそ、だと常にそう思っています。

私は自分のブログでは毒舌なことを書いていますが、施術にいたっては謙虚な気持ちは昔から忘れていません。


この本を読んで「気」のちからを強くされ、うまく使える方が、全国にたくさん出てきて欲しいと願っています。

「気」のちからを得るのには、お金はまったくかからないのです。紹介したやり方を正確に覚えていただいて、ぜひ施術にトライしてください。

「気のライン」をしっかり捉えて施術する。このやり方を多くの人に認めてもらえる時代もそう遠くはないと信じております。


さだじぃ。

さだじぃ。「気の道場」の参加の仕方

「気」のちからをより感じたい人に

参加はメールにて受け付けています。

メールアドレス：sadajigogo@gmail.com

また、参加資格には一定の条件を設けているので
あらかじめご了承ください。

さだじぃ。講演会事務局

●著者略歴

さだじぃ。

1961年鹿児島生まれの宮崎育ち。幼少期より、空中にきらめく「気」の存在が見えていたが、39歳のときに、当時経営していた寿司店を訪れたお客さんのひとりによって気の門が勝手に開き、自身が第七感と呼ぶ「気のちから」に開眼。このちからでアスリートや体に痛みを持つ人への施術を行なう。さだじぃ。の施術で断念していた試合に出場できた、動かなかった四肢が動いた、ゆがんでいた顔が元に戻ったなどの口コミがまたたくまに広がり、施術希望者が九州、広島、岡山、関西などから訪れるようになる。また、故障やケガを抱えるプロ＆アマの野球選手やアスリートの間でもその存在は知られるようになる。

増え続ける施術希望の声に、もっと多くの人のお役に立ちたいと、東日本大震災を機に経営していた寿司店を閉め、施術1本で生きていくことを決意。現在は自腹で日本全国を行脚する日々だ。施術希望者は、月にのべ400人以上。最近では、個人のみならず、ケガを減らしてパフォーマンスをあげたいという学校の運動部や、モチベーションの向上をはかって業績を伸ばしたいという企業の依頼に応じて、「気」の授業や講演会も行なっている。著書に『第七感　運命を変える不思議な力』（晋遊舎）などがある。

http://ameblo.jp/sada8556/

みるみるからだが元気になる！

さだじぃ。の「気のちから」入門

2018年6月7日　初版第1刷発行

著者　さだじぃ。

発行人　沢井竜太
発行所　株式会社晋遊舎
〒101-0051　東京都千代田区神田神保町1-12
電話03（3518）6861（営業部）
http://www.shinyusha.co.jp
装丁　重原 隆
イラスト　橋本 美貴子
デザイン　株式会社オリーブグリーン
編集協力　溝口 弘美
編集　有限会社オネストワン
印刷所　図書印刷株式会社

ISBN 978-4-8018-0946-8